KB016476

영어공부, 성격대로 해라

영어교육 상담사가 코치하는 성격대로 영어공부법

영어공부, 성격대로 해라

영어교육 상담사가 코치하는 성격대로 영어공부법

—

인쇄 2016년 3월 20일 1판 1쇄 **발행** 2016년 3월 25일 1판 1쇄

지은이 최영임 **그림(PART 1)** 윤여범 **펴낸이** 강찬석 **펴낸곳** 도서출판 나노미디어
주소 (150-838) 서울시 영등포구 도신로51길 4 **전화** 02-703-7507 **팩스** 02-703-7508
등록 제8-257호 **홈페이지** www.misewoom.com

정가 15,000원

—

이 도서의 국립중앙도서관 출판예정도서목록(CIP)은 서지정보유통지원시스템 홈페이지(http://seoji.nl.go.kr)와
국가자료공동목록시스템(http://www.nl.go.kr/kolisnet)에서 이용하실 수 있습니다.
CIP제어번호: CIP2016005245

—

ISBN 978-89-89292-46-3 03740

저작권법에 의해 보호를 받는 저작물이므로 무단 전재와 복제를 금합니다.
잘못된 책은 교환해 드립니다.

이 책을 읽는 동안 당신은 자신에게 가장 적합한 영어 학습방법 또는 영어 교수법을 스스로 깨닫게 되는 경험을 얻게 될 것이다.

머리말

　　외국어를 습득하기 위해서는 오랜 시간이 필요할 뿐만 아니라 습득한 외국어 실력을 유지하기 위해서도 평생의 노력이 요구된다. 그동안 한국 영어교육의 역사를 살펴보면 대부분의 교사들은 다양한 학습자의 성향을 무시한 교수법을 사용해왔다. 마치 교사가 선택한 하나의 방식이 옳은 것이니 모두 따라야 한다는 식이다. 이것은 학습자에게 영어에 대한 흥미를 떨어뜨리고, 영어 학습에 대한 동기를 잃어 결국엔 영어를 포기하게 만든다. 학습자 개인의 고유한 성격에 맞는 영어 학습법을 알지 못한 채 일방적이고 획일적인 영어를 공부하기 때문에 오랜 영어 학습 기간에도 불구하고 영어를 어려워하는 사람들이 많은 것이다.

　　자신에게 맞는 최적의 학습방법을 모른다는 것은 마치 모임에서 누군가를 만났고 그 사람(이하 A씨)을 꼭 다시 만나야 하는데 전화번호를 물어보지 않은 것과 같다. 아무 번호나 눌러서 A씨와 연결되기를 바라는 사람을 상상해보라. 그 사람은 평생 동안 A씨와 통화하지 못할 수도 있다. 그러나 전화번호를 알면 언제든지 A씨와 다시 만날 수 있다. 자신에게 맞는 영어 학습법을 알려준다는 것은 전화번호를 알려주는 것과 같다.

　　여기서 A씨는 영어를 상징하고, A씨와 친분을 쌓아서 결국에 만남이 이루어지는 과정은 영어 정복의 과정이다. 이때 전화번호는 학습방법이다. 전화번호만 올바로 안다면 언제든 통화가 가능하고 만날 수 있듯이 자신에게 맞는 영어 학습법을 안다면 영어를 정복할 수 있는 길이 보일 것이다.

이 책은 Part 1에서 한국인이 영어 학습에 실패하는 주요 원인을 과학적이고 체계적으로 알게 해준다. 그동안 나의 학습 방법이 왜 잘못되었고, 어떻게 고쳐야 하는지 뇌과학적 근거와 최신 영어교육 이론을 바탕으로 핵심을 현실적으로 알려준다.

원인을 파악한 후, Part 2부터는 나에게 맞는 학습 방법을 찾는 여정을 하게 될 것이다. 자신의 성격유형을 알아가는 것이 바로 자신에게 맞는 영어 학습 방법을 찾아가는 지름길이 되는 것이다. 각 유형별 실제 상담 사례가 제공되기 때문에 더욱 실감나게 유형별 학습 방법을 깨닫게 될 것이다. 이 과정에서 많은 사람들이 덤으로 얻는 것이 있다. 나를 알아가는 과정에서 영어뿐만 아니라 다른 과목의 학습 방법도 스스로 찾게 되고, 인간관계까지 개선되는 효과를 얻게 되는 것이다. 그래서 세상에 다시 태어나는 기분! 지금까지와는 다른 세상에서 살게 되는 체험을 하게 될 것이다.

책을 쓰고, 그 책을 읽는다는 것은 작가의 삶과 독자의 삶이 만나는 순간이다! 서로의 만남에서 더 알고 싶고, 궁금한 것이 있다면 언제든지 이메일과 학회 홈페이지를 통해서 소통하기를 원한다. 이 한 권의 책이 여러분의 인생에서 좋은 만남이 되기를 바란다.

병신년 입춘을 맞이하며
최영임

차례

PART 1

16가지 성격유형과 영어 교육 ···················· 87

PART 2

16가지 성격유형별 롤모델 찾기

9

부록

START

영어공부,
성격대로 해라

성격이란?

옛날 옛날에 소와 호랑이가 살았습니다. 소와 호랑이는 첫눈에 반해 결혼을 했습니다. 소는 사랑하는 호랑이를 위해 매일 아침 가장 신선한 야채로 밥상을 차려주었습니다. 호랑이도 가장 신선한 고기를 사냥해서 사랑하는 소에게 선물했습니다. 50년 후 부부는 황혼이혼을 했습니다. 부부는 헤어지면서 서로 똑같은

영어공부, 성격대로 해라

말을 되풀이 했습니다.

"나는 너를 위해 최선을 다했는데, 너는 나를 눈곱만큼도 생각하지 않았잖아!"

상대를 배려하지 않은 최선은 최악의 결과를 초래할 수도 있습니다.

이 이야기에서 상대는 자기 자신이기도 합니다. 나를 배려하지 않고 무조건 열심히 공부하는 것은 최악의 결과를 초래할 수도 있습니다. 모두에게 들어맞는 공부방법이 통하던 시대는 지났습니다. 다양성과 개성의 시대에 내게 맞는 학습 방법, 진로, 적성을 찾기 위해 먼저 자기 자신을 알아야 합니다.

인기 있는 스타 강사의 강의를 통해 성적이 오를거라고 생각한다면 그것은 착각이고 허상입니다. 웃기고 재밌는 수업은 일시적이고 한계가 있습니다. 개인에 대한 고유한 이해로, 마음 속 깊은 곳을 오래도록 울리고 어느새 눈물이 고일 때, 비로소 누군가의 멘토가 됩니다.

이 책을 읽으며 마음의 길에서 마주친 영혼의 위로가 함께 하고, 진정한 멘토이자 롤모델을 찾으시길 바랍니다.

01 성격이란?

성격은 내적 체계다

우리 속담에 "세 살 버릇 여든 간다"는 말이 있다. 정말로 그렇다. 성격은 어머니의 뱃속에 있을 때부터 형성되기 시작한다. 어린 시절 중요한 사람^{보통은 부모님}과의 관계가 타인과의 관계 맺는 패턴이 되고, 성격 형성에 결정적인 역할을 한다. 여섯 살 이전에 이미 성격은 완성되고, 관계의 패턴이 고착되며, 그 이후는 평생 그 고착된 패턴을 반복할 뿐이다.

불완전한 부모는 아이가 완전하게 성장하길 바라고, 불완전한 아이는 부모가 완전하길 바란다. 이런 모순 속에서 아이는 살아남기 위해 선택한다. 예를 들어 어떤 문제가 발생했을 때 적극적으로 말을 할지, 아니면 아무 말도 안 하고 가만히 있을지를 결정한다. 그것이 굳어져서 성격이 된다. 자기 자신에 대한 성찰이 없는 한 로봇처럼 무의식적으로 자동화된 패턴대로 살아가게 된다.

성격은 영속성이 있다

감정이 모여서 생각이 되고, 생각이 모여서 그 사람이 자주 하는 언어 패턴이 되고 행동이 되며, 이것이 모여 성격이 된다. 어린 시절 한 번 굳어진 성격은 변하기 어렵다. 성격 안에서 발전하고 성장하지만 본래의 성격은 변하지 않는다. 이를 뇌과학적으로 고찰해 보면, 인간은 탄생 시 뇌의 완성도가 25%에 불과하다. 침팬지의 경우 이미 태내에서 60% 뇌가 완성된 상태에서 태어나기 때문에 금새 걸어다니지만 인간은 직립하는 데까지 1년 정도 걸린다. 3세 무렵까지 뇌의 완성도는 70% 정도 성장한다. 25%의 완성도에서 약 3년 동안 70%가 되기까지 뇌는 폭발적으로 성장하는 것이다. 이때의 경험은 뇌 속에 각인되어 평생 우리 삶에 영향을 미친다.

성격은 색안경을 벗는 것이다

우리가 자기 자신을 잘 아는 것 같지만, 사실은 성격이라는 색안경을 끼고 보고 싶은 것만 보고, 듣고 싶은 것만 듣고 살아간다. "아는 만큼 보인다"는 말도 있듯이 나를 아는 만큼 나를 제대로 통제할 수 있다. 내가 나를 통제할 수 있을 때, 우리는 더 이상 무의식에 휘둘리는 삶이 아닌 의식적으로 선택하는 삶을 살 수 있다.

내가 만일 외향적인 성격을 갖고 있다면 나의 무의식에는 내향적인 성격이 자리 잡고 있다. 의식의 영역은 발달해서 외향적인 성격을 적절히 활용하지만, 무의식의 영역에 있는 내향적인 성격은 열등한 상태로 남아 있다. 이 열등한 색안경을 끼고 내향적인 사람을 보게 되면 그 사람을 있는 그대로 보지 못하고 "사람이 왜 저렇게 답답하지?" "너무 말이 없으니 재미없네." 등등 왜곡된 평가를 하게 된다. 이것을 전문 용어로 투사*라고 한다.

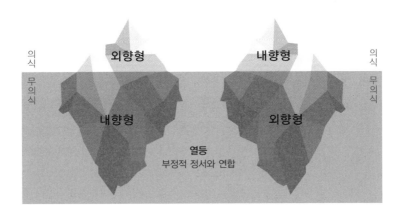

외향형

내향형

내향형

외향형

의식

무의식

의식

무의식

열등
부정적 정서와 연합

---

* 　내 성격이나 특성을 무의식적으로 다른 사람에게 돌리는 현상. 예를 들어 자신이 짜장면을 먹고 싶어하는 것인데 상대방에게 "너 짜장면 먹고 싶지?"라며 추측하는 것을 말한다. 나의 무의식에 거짓말 하고 싶은 욕구를 투사하면 상대방이 거짓말을 한다고 생각한다. 내가 의심이 많은 사람인데 이를 투사하면 타인이 나를 의심한다고 착각한다.

영어공부, 성격대로 해라

반대로 우리가 내향적인 성격을 갖고 있다면 외향 성격이 무의식에 있기 때문에 이 무의식 속 외향의 열등하고 부정적인 눈으로 외향형의 사람을 투사해서 본다. 따라서 외향형의 사람을 온전히 평가하지 못하고 "저 사람은 너무 나대" "너무 말이 많아서 피곤해" 등등 왜곡된 평가를 하게 된다. 내향적인 사람의 심사숙고와 신중함, 외향적인 사람의 적극성과 열정 등의 장점을 제대로 보지 못하는 것이다.

진정으로 성격을 안다는 것은 무의식 속에 있는 열등한 반대 성격의 왜곡을 안다는 것이다. 따라서 성격을 온전히 아는 사람은 다른 사람을 이해하게 된다. 색안경을 끼고 상대를 바라보고 있음을 인정함으로써 차이를 존중하기 때문에 사람들과 관계가 좋아진다. 인간은 사회적 동물이기 때문에 사회 속에서 관계를 잘 맺으면 행복해진다.

내 성격을 알면 내가 좋아하고 잘하는 것이 무엇인지 알게 된다. 내가 좋아하는 것을 하면 재밌고, 일찍부터 그것을 전공으로 삼고, 직업으로 발전시키면 남들보다 빨리 성장할 뿐만 아니라 직업에서 참된 행복과 보람을 얻는다. 상담 시 가장 안타까운 사실은 자신이 무엇을 좋아하는지조차 모르는 청소년들과 성인들이 실제로 많이 있다는 것이다.

성격을 알면 노력, 모르면 노동

내 성격을 알면, 내가 좋아하고 잘하는 것이 무엇인지 알게 된다. 내가 좋아하는 것을 하면 재밌고, 일찍부터 그것을 전공하고, 직업으로 발전시키면 남들보다 빨리 성장할 뿐만 아니라 직업에서 참된 행복과 보람을 얻는다. 자신의 성격에 맞게 하는 열심이 바로 노력이 되어 그 결실을 얻게 된다.

자신의 성격을 모르고 부모나 사회가 원하는 분야를 전공하게 되었는데, 공교롭게도 그것이 나의 성격에 맞지 않고 정반대의 것이라면 재미가 없으니 열심히 공부하기 어렵다. 그것을 직업으로까지 삼게 된다면 일에서 흥미가 없으니 딴 길로 새게 된다. 장기간 재미없는 일을 하다보면, 알코올 중독이나 게임 중독, 도박, 외도 등 재미를 찾아 한눈파는 것은 사람의 기본적인 심리다. 자기 자신의 적성이나 흥미는 고려하지 않은 채 타인이 원하는 삶을 살기 위해 열심인 것은 노동일 뿐이지 노력한 것이 아니다. 발전하고 성장하는 인생을 살 수 없게 되기 때문에 노동의 결과는 사자와 소의 황혼이혼처럼 최악의 인생이 될 수도 있다.

성격을 알면 내게 가장 효과적인 공부 방법을 스스로 알게 되고, 전략을 세울 수 있는 능력이 생긴다. 결과적으로 공부도 잘하게 된다. 성격을 알고 관계를 잘 맺는다는 것은 성숙한 사람이 된다는 뜻이다. 내

영어공부, 성격대로 해라

가 성숙해지면 모든 문제도 성숙하게 다룰 줄 알게 되고, 성숙한 사랑을 할 수 있게 된다. 그래서 행복한 결혼생활을 하게 되고, 자녀교육도 잘하게 된다.

대부분의 부모는 자신의 방식대로 자녀를 사랑한다. 그러나 성격유형이 정반대인 자녀에게 그 사랑은 독이 될 위험을 안고 있다. 성격을 알면 자녀의 입장에서 사랑하게 되고, 그럼으로써 자녀가 성공하고, 이것이 대물림되어 손자, 손녀도 행복하게 된다. 성격을 알면, 가족, 친구, 동료 등 사회에서 만나는 사람들을 구원할 수 있게 된다. 이런 파장이 결국 자신의 성격과 반대의 삶을 산 사람의 인생과 비교하면 100배 이상의 효과를 낳게 될 것이다.

필자의 경험을 소개하자면, 필자는 성격유형과 정반대의 과목을 전공하고 그것을 직업으로 삼았었다. 전공이 나와 맞지 않으니 재미를 느끼지 못했고 더 이상 공부할 생각이 들지 않았다. 당시 여자는 회계를 해야 취업이 잘 된다는 주변의 권유로 세무회계를 전공해 회사에서 5년 동안 경리일을 했다.

필자는 외향형이라서 사람들을 만나야 활력이 생기는데, 회사에서 대부분의 시간을 혼자 전표와 영수증을 보고 컴퓨터와 일하며 보냈다. 회사 생활이 재미가 없으니 매일 퇴근 후에는 각종 동호회에 나가 사교적인 욕구를 채우는 등 시간을 나의 발전을 위해 의미있게 쓰지 못했다.

그러다가 경인여자대학교 카운셀링센터 소장님이신 김헌환 목사님을 운명처럼 만나 MBTI라는 성격유형 검사도구를 알게 되면서 나의 삶은 180도 달라졌다. 내 성격유형에 맞는 진로를 선택하니 공부가 재미있어서 박사과정까지 진학하게 되었고, 이 좋은 것을 알리기 위해 이렇게 책까지 내게 되었다.

그렇다고 내 성격과 반대인 곳에서의 삶을 낭비라고 생각하진 않는다. 무엇이든지 잘 소화하면 약이 되고, 그렇지 못하면 독이 되는 법이다. 경리를 하면서 몸에 벤 꼼꼼함과 자료를 정리하는 습관은 후에 내게 맞는 적성을 찾았을 때 큰 도움이 되었다. 처음부터 내게 맞는 진로를 찾아 강의만 하기 시작했다면 수십 번 검토하고 수정을 반복해야 하는 집필이나 번역일을 매우 어려워했을 것이다. 그러니 이 책을 읽은 후 자신이 반대성향에 있다고 낙심하지 말자. 그 경험은 당신이 진짜 자신의 천직을 찾았을 때 귀한 자원이 될 것이다.

영어공부, 성격대로 해라

한국의 역사와 성격은 어떤 관계가 있을까?

소통은 모든 면에서 일치함을 의미하는 것이 아니라 모든 면에서 다름에도 불구하고 함께 할 수 있는 것을 의미한다. 다름을 틀렸다며 나의 잣대로 평가하지 않고 차이를 존중하고 인정해 주는 법을 배움으로써 어른과 아이, 학생과 교사는 진정한 소통을 할 수 있다.

그러나 한국은 역사적으로 세대 간 소통이 어려울 수밖에 없는 환경에 처해 있다. 그렇기 때문에 OECD 국가 중 10년 연속 자살률 1위 2014년 보건복지부 발표의 오명에서 벗어나지 못하고 있다. 2011년 통계청에 따르면 하루 평균 자살자 수는 약 42명이다. 지금 이 순간에도 30분마다 한 명씩 자살하고 있다. 왜 유독 한국만 이렇게 자살률이 높은 것일까? 특히 청소년 자살률이 가장 높은 이유는 무엇일까? 한국만의 독특한 역사에서 그 이유를 찾아 볼 수 있다.

매슬로의 욕구 위계론(Maslow, 1970)

모든 것은 마음의 문제다. 마음이 건강하면 적극적으로 학습에 임하게 된다. 그 다음이 방법의 문제다. 대부분의 학습자들은 영어에 대한 이해 부족으로 무작정 주입식으로 공부하다가 영어에 질리게 되고, 포

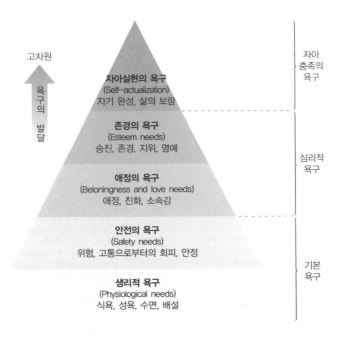

기했다가 다시 시도하는 실패 경험을 반복한다.

학습자를 상담할 때 그 사람이 어느 단계에 있는지 알 수 있는 도구 중 하나가 욕구를 파악하는 것이다. 학습자가 선호하는 공부환경을 보고 욕구단계를 알 수 있고, 더 높은 학업 성취를 위해 정서적으로 채워줘야 할 욕구를 파악할 수 있다.

매슬로Abraham H. Maslow의 욕구 5단계는 하위 욕구가 먼저 채워져야만 상위 욕구가 발생한다는 이론이다. 앞서 언급했듯이 하위 욕구는 3세 이전에 채워졌는지 여부로 결정한다. 탄생부터 3세까지 뇌가 폭발적으로 성장하고 이때 채워지지 않은 욕구는 평생 갈망하게 된다.

생리적 욕구(Physiological needs)

동물적이고 신체적인 욕구로, 식욕, 수면, 성욕 등 감각기관의 만족 욕구이다. 생리적 욕구를 생존 욕구라고도 한다.

안전의 욕구(Safety needs)

생리적 욕구가 채워졌을 때 나타나는 욕구로, 위험이나 고통으로부터 보호받고 싶은 욕구다.

애정의 욕구(Belongingness and love needs)

안전의 욕구가 충족되면 나타나는 욕구로, 소속 욕구를 포함하는 넓은 의미의 애정 욕구다. 애정 욕구는 부모, 교사, 학생, 친구 등을 대상으로 서로 주고받는 것이 특징이다. 성숙하지 않은 초등학생의 경우 부모나 교사로부터 애정을 느낄 수 있도록 분위기를 조성해 주는 것이 중요하다. 애정 욕구가 충족되지 않은 상태에서 공부하라고 강요한다면 역효과를 초래할 수도 있다.

존경의 욕구(Esteem needs)

타인에게 존경, 지위, 명예 등 좋은 평가를 받고 싶은 욕구다. 애정의 욕구가 충족되어야 존경의 욕구가 발생한다. 따라서 부모와 교사가 사랑과 애정을 충분히 주면 학습자는 존경의 욕구가 생겨서 그들에게 인정받기 위해 스스로 열심히 공부하게 될 것이다. 일본의 명문 도쿄대학 재학생들을 대상으로 설문조사를 한 결과, 평소 즐겨서 공부하는 장소로 48%의 학생들이 "거실"이라고 대답했다고 한다. 이는 거실에서 가족의 따뜻한 시선과 사랑, 칭찬이 있기 때문에 학생들은 애정의 욕구가 충족되어 자연스럽게 존경의 욕구가 발생하고, 성적 향상을 위해 스스로 공부할 수 있게 되었음을 시사한다임한규(2013).

자아실현의 욕구(Self-actualization needs)

고차원의 욕구로, 존경의 욕구가 채워지면 발생한다. 자기완성, 삶의 보람을 추구하는 욕구로서 개인의 모든 잠재력을 발현하고 싶은 욕구이다. 이때 최고의 행복감과 완성감을 느끼는 절정 경험을 하게 된다.

매슬로의 욕구 위계론 정리

- 기본 욕구(Basic needs)
  1단계 : 생리적 욕구(생존 욕구), 2단계 : 안전의 욕구
- 심리적 욕구(Psychological needs)
  3단계 : 애정의 욕구, 4단계 : 존경의 욕구
- 자아 충족의 욕구(Self-fulfillment needs)
  5단계 : 자아실현의 욕구

영어공부, 성격대로 해라

한국 고유의 세대 간 갈등과 욕구

조부모 세대

한국은 역사적으로 1950년 6월 25일부터 1953년 7월 27일까지 한국 전쟁을 겪었다. 따라서 당대를 살았던 세대들은 사느냐 죽느냐의 생존 문제 해결이 인생 최대의 과제였다. 이들은 심리적으로 전쟁 트라우마trauma를 갖고 있다. 전쟁 중에 생사의 기로에서 감정을 다룰 여유가 없었다. 옛날 할머니, 할아버지 세대는 얼굴도 보지 않고 결혼해서 평생을 살 수 있었다. 즉, 매슬로의 욕구 위계론에서 1단계인 생리적 욕구가 해결되지 않았기 때문에 3단계인 애정의 욕구는 고려 대상이 되지 못하는 것이다.

부모 세대

전쟁으로 인한 폐허를 복원하고, 1960년대와 70년대 가난을 경험했다. 당시는 먹고 사는 문제가 해결되지 않았기 때문에 물질만능주의가 팽배했다. 우리의 부모 세대는 매슬로의 욕구 위계론에서 2단계인 안전의 욕구가 채워지지 못했다. 따라서 3단계인 애정의 욕구, 즉 감정다루는 방법을 배우지 못했다. 부모들은 자녀에게 이런 말을 하곤 한다. "나는 돈이 없어서 공부하고 싶어도 못했는데, 너는 풍족하게 살면서 왜 열심히 노력하지 않는 거냐?" 이 말은 부모 세대, 즉 매슬로의 욕구 2단계가 충족되지 못한 사람들에게나 통하는 말이다. 자녀 세대는 이미 안전의 욕구가 충족되었기 때문에 물질적 풍족보다는 정서적지지가 필요하다. 한국은 현재 이 부모 세대가 경제적·사회적 주체이고 힘power을 갖고 있다. 따라서 상대적으로 힘이 약한 조부모 세대와 자녀 세대의 자살률이 높은 것이다.

자녀 세대

21세기를 살아가고 있는 젊은 세대는 이전 세대와는 완전히 다른 환경에서 태어나 살고 있다. 전쟁의 공포1단계 생리적 욕구도 없고, 가난의 고통2단계 안전의 욕구에서도 벗어난 세대다. 자녀 세대의 경우 1단계와 2단계가 이미 충족된 상태이므로 부모나 교사로부터 3단계애정 이상의 욕구를 필요로 한다. 그러나 한국은 짧은 시간 안에 전쟁과 경제 회복 등 급변하는 상황을 겪으면서 부모와 조부모 세대에게 애정 욕구를 충족시키는 법을 배우지 못하게 했다. 따라서 자녀 세대가 겪는 인간 소외, 우울증, 자살 등의 문제에 올바로 대처하지 못하여 사회문제로 대두되는 것이다.

매슬로의 욕구 위계론의 3단계인 애정의 욕구, 즉 감정 다루는 것이 중요해졌는데 한국은 역사적으로 조부모나 부모 세대가 감정 다루는 것을 배우지 못했다. 자신의 욕구보다 상위 욕구이기 때문에 애정의 욕구는 발생하지 못한다. 그래서 한국은 다른 국가에 비해 세대별 소통 부재와 단절 문제가 더욱 심각하다.

선진국은 몇 백 년에 걸쳐서 이루어놓은 성장을 한국은 단 몇 십 년 만에 초고속으로 이루어냈다. 이런 물질적 발달속도를 정신적 발달이 따라가지 못하기 때문에 한국의 현대인들은 물질적 풍요 속에서 자아를 잃어가고 있다.

이 시대 젊은이들은 가족 중 말이 통하는 윗세대가 없다. 자신의 감정을 이해해 줄 사람이 없다. 그래서 이 시대는 그토록 멘토에 열광하고, 힐링을 찾는 것이다. 채워지지 않은 애정 욕구를 채우기 위해서는 상담이 절실하다.

이 시대의 교사또는 부모들은 학습자또는 자녀 세대에 대해 배울 필요가 있다. 감정 다루는 방법과 대화하는 법을 배우고, 자신과 다른 유형의 학습자또는 자녀를 이끄는 방법을 배우면 더욱 효과적인 수업 전개를 할 수 있다. 전통적인 단체 수업에서 벗어나 학습자 개인의 성격을 파악해서 개개인의 성향에 맞는 학습방법을 제시함으로써 성공적인 수업을 할 수 있다. 학습자도 자신에게 맞는 학습방법을 찾는다면 재밌고 즐겁게 공부할 수 있을 것이다. 또한 자신과 다른 성격으로 인해 갈등이 있었던 부모나 교사를 이해하고 차이를 존중한다면, 관계도 좋아지고 본인의 마음도 한층 편안해 질 것이다.

3단계 애정의 욕구가 채워지면 4단계 존경의 욕구가 생긴다. 학생에게 존경의 욕구란 학생회장이 되어서 명예를 얻고 싶거나 좋은 성적을 얻어서 부모님께 인정받고 싶은 욕구이다. 따라서 부모나 교사가 충분히 애정 욕구를 채워준다면 학습자는 자연스럽게 4단계 존경의 욕구가 생겨서 스스로 성적을 올리기 위해 공부하고 노력할 것이다.

매슬로의 욕구위계 :
하위 욕구가 채워져야 상위 욕구가 생긴다.

매일밤낮 일하시는 아버지를 보고 …

1단계 생존 욕구와 2단계 안전의 욕구인 기본 욕구가 채워지지 않은 자녀는 자신이 개인적으로 원하는 즐거움을 포기하고 생존과 안전을 위해 필사적으로 노력할 수 있다.

부모도 자신처럼 개인적 즐거움을 뒤로 하고 가족을 위해 희생을 하니까 자신도 놀고 싶은 마음을 참고 공부해야 한다고 생각한다.

3단계 애정의 욕구와 4단계 존경의 욕구가 채워져야 하는 시기의 자녀에게 '자율성'은 중요한 가치다. 자신이 좋아하고, 마음이 이끌리는 쪽으로 행동하는 자녀는 부모도 자신과 같을 것이라고 생각한다.

자신도 스스로 원하는 것을 하며 즐기니까 아버지도 일이 좋아서 야근을 즐긴다고 생각한다.

성격, 어떻게 할 것인가?

우리는 성격 안에서 발전하고 성장하지만 본래의 성격은 변하지 않는다. 성격이라는 색안경이 씌워져 있기 때문에 이 패턴을 알아채지 못할 뿐이다. 이것을 알아챘다면 우리의 삶은 달라질 것이다. 우리는 각자 인생에서 자신만의 걸림돌이 있다. 늘 무의식적으로 걸려 넘어지는 부분이 있다. 왜 늘 걸려 넘어지는지 이유를 알게 되면 이전과 다른 삶을 살게 된다. 이유를 알면 자기 인생의 주인공이 되어 선택할 수 있다. 개선하여 다른 길을 갈 것인지, 이대로 살 것인지! 이대로 살기로 결정했을 경우라도, 걸려 넘어진 이유를 알고 힘든 것과 모르고 힘든 것은 삶의 차원이 다르다.

우리가 느끼는 감정과 행동과 삶의 무의식적인 패턴은 대부분 집안 대대로 대물림되어 부모가 나에게 심어준 것이다. 부모와 다른 성격으로 태어나더라도 어린 시절 권위자였던 부모의 성격을 강요받아서 우리 몸에 뿌리깊이 배어 있다. 자신과 너무나도 동화되어 자신도 모르게 된다. 내향형은 무의식적으로 전자동으로 외향형이 불편하고, 외향형은 자기도 모르게 내향형이 불편하다. 등잔 밑이 어둡듯이 자신을 알기란 참으로 어려운 것이다.

자신을 찾는 여정에서 자신을 안다는 것은 자신에 대해 이리도 몰랐다는 것을 알아가는 것이다. 자신의 성격을 알아가면서 자신의 성격 색안경을 벗고, 온전한 세상을 바라보길 바란다. 이것을 깨달았을 때 필자는 세상에 다시 태어난 기분이었다. 온 세상이 달라보였다. 이 책을 읽는 독자도 그런 체험을 하게 되길 바란다.

마음 열기

다음 빈 칸을 채워보자. 내가 생각하는 나는 누구인가?

나는 _____입니다.

나는 _____입니다.

나는 _____입니다.

나는 _____입니다.

나는 _____입니다.

나는 _____입니다.

나는 _____입니다.

나는 _____입니다.

나는 _____입니다.

나는 _____입니다.

나는 _____입니다.

나는 _____입니다.

나는 _____입니다.

"나는 ~입니다." 라고 본인이 쓴 글을 다시 살펴보자. 필자는 이 작업을 1년에 1번 이상 정기적으로 한다. 이것을 보면 당시 자신이 쓰고 있는 가면페르소나을 알 수 있다. 우리 모두는 본래 자신의 모습으로 살지 못하고, 사회나 중요한 타인이 부과하는 가면역할을 쓰고 살고 있다.

Persona이하 페르소나란 원래 연극이나 소설의 등장인물 또는 배우가 쓰는 탈가면을 의미한다. 심리상담 분야에서는 인생을 연극 무대로 보고, 그곳에서 우리의 역할이 가면페르소나이다.

- 내적 페르소나 : 성격, 인격, 신념, 습관, 자아 이미지, 가치관 등

  예 나는 따뜻한 사람입니다.

  나는 영혼이 맑은 사람입니다.

  나는 열심히 노력하는 사람입니다.

- 외적 페르소나 : 직업, 신분, 부모 역할, 자녀 역할 등

  예 나는 아버지입니다.

  나는 영어 선생님입니다.

  나는 학생입니다.

본인이 쓴 글을 보고 내가 내적 페르소나라는 가면을 쓰고 있는지, 외적 페르소나를 쓰고 있는지 살펴보자. 만일 외적 페르소나를 많이 쓰고 있다면 그것을 먼저 벗어 버리자. "나는 엄마입니다."라고 썼다면 부모 역할이라는 가면을 쓰고 있다. 원래의 나는 엄마라는 역할이 아니었다. 엄마가 되면서 나의 많은 부분들이 변해버렸다. 누군가의 엄마라고 불리던 가면외적 페르소나을 벗어버리자. 그러면 원래의 나를 찾는 데 좀 더 수월할 것이다. 원래의 나는 조용한 사람이었는데 엄마가 되고

학부모가 되면서 자녀 때문에 사람들과 어울리다 보니 활동적이고 말이 많게 되었을 수도 있다. 엄마가 되기 전 나의 모습을 떠올려보자.

내적 페르소나를 쓰고 있다면 그 성격이 원래 타고난 나의 성격인지, 학습된 것인지 살펴보자. 그러면 자신의 진짜 성격이 보일 것이다. "나는 착한 사람입니다."라고 썼다면 착해야 사랑받는다고 생각하는 것은 아닌지 고민해보자. 우리는 존재 자체로 있는 그대로 사랑받아 마땅하다. 그러나 어린 시절 부모님이 착한 일을 했을 때만 사랑을 주었다면 잘못된 신념_{비합리적 신념}을 갖게 된다. 착해야 사랑받기 때문에 착한 사람이 되려고 자신의 욕구를 억누르고 타인을 배려하며 산다. 타인을 많이 배려하는 착한 사람은 자신에게는 나쁜 사람이 된다. 내가 원하는 것을 외면하기 때문에 나 자신을 배려하지 못한다. 타인에게 나쁜 사람은 나 자신에게는 착한 사람이다. 자기 자신에 대한 배려가 많을수록 타인을 배려하지 못하기 때문에 이기적이고 나쁜 사람으로 비춰질 수 있다. 이러듯 감정은 좋고 나쁜 것이 없고 동전의 양면과 같다.

자신의 본래 성격을 찾기란 쉬운 일이 아니다. 만일 당신이 한국 문화가 선호하는 성격유형이라면 당신은 비교적 쉽게 자신의 성격을 찾을 수 있을 것이다. 그러나 최근에는 전통적인 한국 문화와 반대 유형의 젊은층 학습자가 늘어나는 추세다. 부모_{교사} 세대와 반대 유형의 자녀_{학습자}는 본래 자신의 모습대로 살지 못하고, 중요한 타인이 바라는 성격유형을 학습하게 된다. 외부에서 남에게 보이기 위한 내가 아니라, 가장 편안할 때 아주 가까운 사람_{가족}에게 어떻게 대하는지 생각하면서 나를 찾는 여정을 시작해 보자.

왜 성격대로 공부해야 하나?

생각해보기

고등학교 1학년인 진주는 전문지식이 많은 선생님께 영어를 개인지도 받고 있습니다. 그런데 영어 실력이 늘기는커녕 점점 영어가 싫어지고 있습니다. 영어 박사학위까지 받은 선생님은 이론과 문제풀이만 열심히 시키고 시험만 봅니다. 진주는 현재 슬럼프를 겪고 있기 때문에 선생님의 말씀이 귀에 들어오지 않습니다. 선생님은 진주에게 어떤 역할을 해줘야 할까요?

성격유형을 알고 탐구하는 것은 삶의 질적 성장을 돕는다. 상담과 교육과의 접목은 전망이 밝다. 상담은 기계가 대신 할 수 없고, 한국의 역사상 세대 간 소통의 부재로 상담사의 역할이 절실히 필요한 이 시기에 상담의 수요는 점점 늘어날 것이다. 교사가 상담의 기술을 배워서 그들의 학생이 상처받지 않고 그들만의 방식대로 공부할 수 있도록 길을 안내해 준다면 학생들은 인생에서 중요한 시기에 가장 적절한 도움을 받게 될 것이다.

당신이 교사라면 학부모 상담 시 학생에게 맞춘 과학적이고 체계적인 대안과 해결책을 제시함으로써 신뢰를 얻을 수 있다. 학습자의 특성에 따른 맞춤식 수업 지도가 가능하다. 과외활동 시 학습자의 성격유형에 맞는 학습 방법을 알려주고, 학습자가 좋아하는 내용의 학습 사이트, 영화, 다큐멘터리, 드라마 등의 수업자료를 추천해 줄 수 있다. 학습자의 장점을 극대화하고 단점을 보완하는 학습 코칭을 할 수 있고, 더 나아가 학습자의 성향에 맞는 진로 코칭 등 인생의 방향 설정에 도움을 줄 수 있을 것이다.

2 영어 교육 상담사의 역할

- Teacher – 전문 지식knowledge 전달
- Coach – 슬럼프에 빠져 있거나 실력이 정지해 있을 때 동기motiva-tion 부여
- Mentor – 스스로 성공한 학습자로서 롤모델role model 되기
- Counselor – 적극적 경청과 공감을 통해 학습자 스스로 생각해서 답을 찾도록 도와주는 역할

상담은 한 가지 역할만 하는 것이 아니라, 학습자의 성격유형과 현재 처한 상황을 고려하여 때에 따라 필요한 역할을 수행한다. 때로는 교사로서 전문 지식을 더욱 신경 써서 전달해야 하는 학생도 있고, 때로는 카운슬링이 필요한 학생도 있으며, 때로는 코칭을 해야 할 때가 있다. 이 시대가 요구하는 교사는 더 이상 단순히 지식 전달자나 훈계자가 아니다. 학습자의 상태에 따라 적절히 대처할 수 있는 상담사의 역할을 겸비한 교사로 거듭나야 한다.

3 영어의 학습 곡선

구두언어의 학습 곡선

전 세계 아동들은 대개 5세 정도가 되면 기본적인 모국어 대화가 가능하다. 5세 아동들은 신체능력이나 인지능력 등은 성인보다 뒤처지지만 언어를 학습하는 능력만큼은 유일하게 성인보다 뛰어나다. 이는 언어는 다른 과목과 다르다는 것을 의미한다.

최근 기술의 발달로 뇌를 연구한 결과, 언어를 사용할 때 사용되는 뇌의 영역과 수학이나 과학 문제를 풀 때 활성화되는 뇌의 영역이 다르다는 것이 밝혀졌다. 그러나 한국인은 영어를 공부할 때 수학이나 과학이 담당하는 부위의 뇌가 활성화된다고 한다. 언어의 학습 방법이 다른 과목과 다름에도 불구하고, 수학 공부하듯이 영어 말하기나 듣기를 학습하기 때문이다.

구두언어는 기본적으로 계단식 학습 곡선을 형성한다. 즉, 아무리 공부해도 성적이 오르지 않는 구간이 있다. 생후 12개월까지 아무리 말을 가르쳐도 아기는 말하지 못한다. 물이 임계점 100도가 되어야 끓어서 수증기가 되듯이 일정량이 쌓여야 실력이 생긴다. 매일 영어로 말하기를 연습하다 보면 어느 순간 말하기가 자연스러워지는 때가 찾아온다. 그때가 오기 전까지 실력이 늘지 않아도 무의식에 실력이 쌓인다는 것을 믿고 매일매일 꾸준히 말하기 연습을 해야 한다.

말하기 학습 곡선

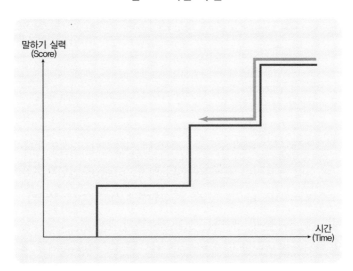

영어 말하기speaking는 고차원적 사고를 담당하는 전두엽의 브로카 영역을 사용한다. 말하기와 쓰기는 겉으로 드러나는output 영역이기 때문에 입력input만 하는 듣기나 읽기와는 학습 곡선이 다르다. 전두엽을 사용하는 언어말하기와 쓰기 영역은 습득한 이후에도 계속 연습하지 않으면 실력이 떨어진다. 이런 현상을 위의 그래프에서 역방향 화살표청록색로 표시했다. 말하기는 일정 기간 연습하지 않아도 실력하락을 느끼지 못한다. 그래서 방심하기 쉽다. 그러나 영어 말하기를 하지 않는 기간이 길어지면 어느 날 갑자기 혀가 굳는 것을 스스로 느끼게 된다. 그래서 외국에 언어 연수를 다녀왔는데도 한동안 영어로 말하지 않으면 유창하던 영어 말하기 실력이 사라지는 것을 경험하게 되는 것이다.

영어공부, 성격대로 해라

듣기 학습 곡선

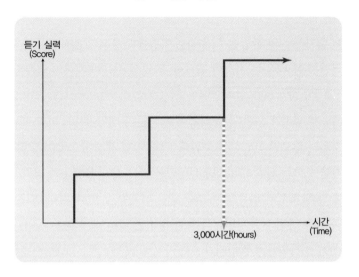

듣기listening도 구두언어라서 계단식으로 영어 실력이 향상된다. 그러나 말하기와 차이점이 있다. 정보를 뇌에 입력하고 정보처리만 하는 듣기는 매일 영어를 들은 시간이 약 3,000시간 정도 쌓이면 귀가 뚫리는 경험을 하게 된다. 한 번 귀가 뚫리면 대개 평생 간다. 특별히 듣기 공부를 하지 않아도 영어를 알아들을 수 있게 된다. 외국에 1년 이상 연수를 간 학생들은 "어느 날 갑자기 영어가 들리기 시작한다"고 말한다. 영어 공부를 오랫동안 하지 않을 경우 영어 말하기는 못해도 영어를 알아들을 수는 있는 이유가 여기에 있다.

문자언어의 학습 곡선

영어 읽기reading의 학습은 처음에는 어휘를 외우고 기본적인 문법을 배워서 읽기를 배우는 시간이 필요하다. 일정 시간이 지나면 공부한 만큼 실력이 향상된다. 문자언어는 일정 기간이 지나면 시간 투자에 정비례하게 성적이 오른다. 문자언어는 학문의 영역이기도 하기 때문에 공부하지 않으면 학습하지 못한다. 그래서 전 세계에 모국어 말하기·듣기를 못하는 사람은 없지만 문맹인은 있는 것이다. 학문의 영역은 교육을 통해 배워야 읽는 법과 쓰는 법을 터득할 수 있다. 따라서 구두언어의 학습 방법과 문자언어의 학습 방법을 달리 해야 하는 것이다.

영어 쓰기writing는 말하기와 마찬가지로 고차원적 사고를 주관하는

읽기 학습 곡선

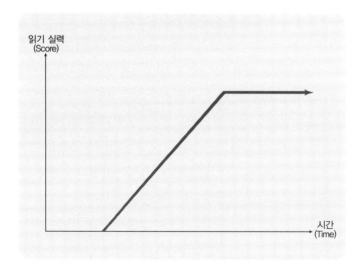

영어공부, 성격대로 해라

전두엽을 사용하기 때문에 훈련하지 않으면 실력이 떨어진다. 이를 역방향 화살표_{청록색}로 표시했다. 한국어도 꾸준히 쓰기를 하지 않으면 쓰기 실력이 점점 사라진다. 영어도 마찬가지다. 영어 쓰기를 잘하기 위해서는 매일 영어 쓰기를 해야 한다. 눈으로 읽기만 하면 쓰기 실력이 향상되지 않는다. 반드시 손으로 영어 스펠링을 써내려가야 한다. 한국말로 평소 쓰기를 안 해본 사람들에게 갑자기 10줄 쓰기를 시키면 어려워한다. 말하기나 읽기를 잘해도 쓰기 연습을 하지 않으면 쓰기를 담당하는 뇌의 영역이 훈련되지 않기 때문이다. 언어를 잘한다는 것은 말하기, 듣기, 읽기, 쓰기를 다 잘한다는 것이다. 한국인은 지나치게 영어 읽기와 듣기에 치중하는 경향이 있고, 말하기와 쓰기 연습을 거의 하지 않기 때문에 영어 말하기와 쓰기에 약한 것이다.

쓰기 학습 곡선

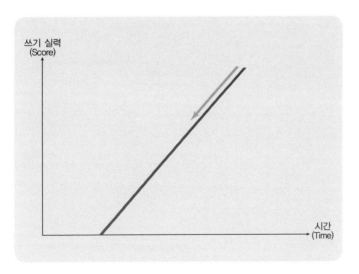

Sudden Flash Learning

존슨*은 그의 저서에서 공부를 해도 실력이 오르지 않지만 일정한 수준에 이르면 어느 날 영어 실력 향상을 경험하는 학습 방식을 Sudden Flash Learning이라고 정의했다. 그는 "실력이 오르지 않지만 대신 무의식에 쌓이고 있다"고 언급했다. 몇 개월 열심히 공부했는데 영어 성적이 오르지 않아서 영어를 포기했다는 학습자가 많다. 이는 영어의 특성에 대한 무지로 인한 결과이다. 영어를 장기간^{기간은 학습자 간 차이가 있음} 공부해도 실력이 향상되지 않는 것은 당연한 결과이고, 실력향상을 느낄 수 없지만 무의식에 실력이 쌓이고 있음을 믿고 매일 꾸준히 장기간에 걸쳐 감을 익혀야 하는 것이다.

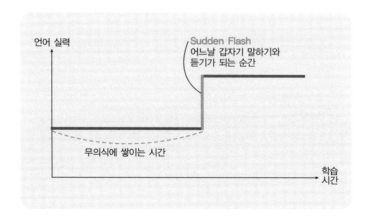

*   Keith Johnson, *An Introduction to Foreign Language Learning and Teaching*, Pearson Longman, p.105, 2008.

04 양질 전환의 법칙

앞에서도 언급했듯이 영어는 일정량이 쌓여야 질로 전환된다. 따라서 조금만 공부하고 실력이 향상될 것이라는 환상부터 깨야 한다. 영어 듣기의 경우 3,000시간이 채워져야 하고, 영어 말하기의 경우 5세 아동 수준의 말하기 실력이 되기 위해서는 약 1만 시간의 학습량이 채워져야 한다.

0세부터 5세까지 모국어의 학습량은 엄청나다. 하루 약 5.5시간을 매일 공부하면 5년 후 약 1만 시간이 된다5.5시간×365일×5년=10,037시간. 시간을 단축시키기 위해 하루 10시간씩 영어를 사용하면 3년이면 가능하다10시간×365일×3년=10,950시간. 여러분은 하루에 몇 시간이나 영어를 사용말하기, 듣기하는가? 어떤 한 가지를 1만 시간 이상, 매일 꾸준히 하기 위해서는 그것을 좋아해야 가능하다. 따라서 성격유형별로 자신에게 맞는 방법을 찾아 영어를 학습한다면 그 오랜 시간을 즐기면서 재밌게 공부할 수 있고 성공 확률도 높아진다.

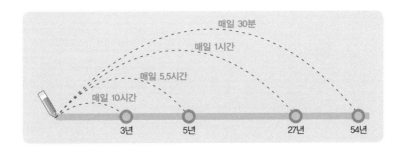

5 성격유형별 영어 학습의 필요성 관련 연구

Fillmore와 Swain(1984)

모국어 습득이 인간의 발달과 경험에 중요한 반면, 외국어 습득은 인지적인 측면인 언어 학습 전략이 중요하다.

Ehrman과 Oxford(1990)

79명의 외국어 학습자들 실험

결론 : 성격유형에 따라 다른 전략을 사용한다.

① 학습자의 성격 요인이 전략 사용에 영향을 미쳤다.

② 성격 등 학습자 변인과 언어 전략 간 높은 상관관계가 있다.

③ 성공적인 학습자들은 자신의 장점과 단점을 알고 그에 대한 전략을 사용한다.

④ 다양한 학습전략을 자주 사용하는 학습자가 외국어 능숙도가 높다.

Oxford(1996)

높은 수준의 학습자는 가능한 자원을 최대한 효과적으로 사용하여 암기 전략과 모니터링 전략을 사용한다.

조성환(2009)

① 2009년 초·중·고 한국 교사와 학생의 성격유형 조사

② 교사와 학생의 성격유형이 반대인 경우가 대부분으로 나타났다.

③ 한국의 교사들은 학생들의 성격유형을 파악할 수 있는 방법을 배워서 학생에게 맞는 최적의 교수법을 연구해야 한다.

최영임과 조세경(2015)

대학생 676명을 대상으로 선호 멀티미디어 영어 영상자료를 연구했다. 학생들의 성격유형에 따라 선호하는 영상자료가 다르다는 것이 밝혀졌다.

① 영어 학습자는 자신의 성격유형에 맞는 영어 수업자료로 공부할 때 즐겁고 오래 학습을 지속할 수 있다.

② 영어 교사는 학생에게 영어 학습자료를 추천하거나 제시할 때 학생의 성격유형을 고려할 필요가 있다.

성격을 알기 전과 후 실제 상담 사례를 소개한다. 교사, 학생, 부모의 고백 등 많은 사람들이 성격을 알고 난 후 다른 삶을 살게 되었다.

성격을 알고 난 후의 고백들

난 어른들이 보기에 유별난 아이였다. 초등학교 때 어머니는 나를 데리고 정신과 의사와 상담하러 가셨을 정도로 보통 부모님이 감당하기 어려운 유년 시절을 보냈다. 만일 그때 부모님께서 사람들의 성격유형이 각자 다르고, 나와 같은 아이를 어떻게 다뤄야 하는지 아셨다면 나의 인생에서 겪지 않았어도 될 아픔은 피해갔을 것이다.

중학교 3학년 때 고집 세고, 드센 나를 가르치려는 아버지와의 갈등으로 등교 거부를 1달 이상 했었다. 기말고사도 보지 않고 방 안에 누워서 단식투쟁도 했었다. 급기야 어머니는 나를 전학시켜서 아버지로부터 격리시키고 중학교를 졸업할 수 있게 해주셨다. 그때 아버지께서 어른이라는 권위로 나를 압도하고, 매로 다스리려 하지 않고 "왜"냐고 물어봐 주고 나의 질문에 논리적으로 대답해 주셨더라면, 설득해 주셨더라면 나는 그렇게까지 엇나가지 않았을 것이다.

결국 고등학교에 진학하지 못하고 검정고시를 보고, 적성과 전혀 안 맞는 전공을 선택하고 직장생활을 하면서 사춘기 때도 나지 않던 여드름과 위염을 앓으며 스트레스를 심하게 겪었다. 그러다 우연히 지인의 소개로 성격검사를 하게 되었고, 나의 성격과 전혀 반대의 길을 가고 있음을 깨닫고 진로를 바꿔서 지금은 내가 좋아하는 분야의 전문가가 되었다.

　일이 취미 같고 행복하다. 나는 사람들을 만나서 조언해주고, 전략을 짜주는 것이 정말 재미있다. 내가 만일 계속 컴퓨터만 보며 자료를 입력하면서 살았다면 지금쯤 나는 이렇게 만족스런 삶을 살지 못했을 것이다.

- 37세 여성, 2014년 7월

＊ ＊ ＊

　어린 시절 고생했다고 생각하며 그 부분을 남에게 잘 드러내지 못했는데, 성격유형을 알고 난 후 나 자신에 대해 자신감을 불어 넣게 되었다. 그러면서 왠지 하는 일마다 잘 된다는 느낌도 받았다. 모든 것을 긍정적으로 바라보게 되었다. 성격유형을 알게 된 것도 너무 감사하지만 무엇보다도 나 자신을 긍정으로 포장하게 된 것이 너무도 행복하다. 그동안 나와 반대 유형의 아들과 갈등이 많았는데, 이제는 아들을 이해할 수 있게 되었다. 세상이 달라 보이고 다시 태어난 기분이다.

- 42세 여성, 2013년 6월

＊ ＊ ＊

　자신을 알게 되니 타인을 바라보는 시각이 넓어지고 그에 따른 이해력이 커졌어요. 학생들과 함께 하는 교사로서 그들의 다양한 모습을 받아들이는 것이 무척 어려웠는데, 이제는 자신감이 생겼어요.

- 32세 여성, 2013년 6월

＊ ＊ ＊

자존감이 현저히 떨어지고, 자신감도 부족하고, 앞날이 뿌연 안개처럼 잘 보이지 않았어요. 선생님을 만나기 전까지는… 전 성격을 알고 달라진 것이 아니라, 잃었던, 잊고 살았던 '나'를 되찾은 기분이에요. 매주 최영임 교수님을 만나는 날은 가장 좋아하는 요일이 되었죠. 육아에 찌들어 지쳐 있었는데 말이죠.

자신을 먼저 내려놓는다는 것은 우리나라 교육자들이 가장 어려워하는 일 같아요. 그냥 흙 속에서 죽지도 못한 채로 그렇게 살아갔을지도 모르는 나를 생각하면 너무 끔찍합니다. 심하게 우울한 날엔 나쁜 생각도 했어요. 하지만 지금은 떨어지는 낙엽도 조심한답니다. 나를 알고 내게 맞게 열심히 노력하고 있어요. 진짜 조금씩 되는 것 같아요!

– 36세 여성, 2013년 6월

* * *

저는 ENEP에 가까운 성격유형입니다.

현재 초등, 중등부 학생들에게 영어를 가르치고 있는데요. 저 또한 아이들의 이해되지 않는 행동에 혼자 고민하고 적잖이 스트레스를 받았던 거 같아요. '왜 저런 말과 행동을 할까'라는 식으로 늘 생각하기만 했는데, 교수님을 만나고 곧바로 반성이 시작되더군요. 아이들의 성격유형을 이해하지 못한 저의 부족함이랄까요? 영어를 좋아하고 아이들을 좋아해서 시작한 일이 불과 몇 년 사이, 천국과 지옥을 오갈 정도로 고민의 시간이 많았는데 그 해답이 속 시원히 풀리는 것 같아서 살 것 같습니다.^^

지금은 교수님께 배운 것을 토대로 해서 아이들의 성격유형을 파악하고 이해하면서 좀 더 재미있고 활기찬 수업이 되어가고 있습니다. 다시 한 번 감사의 말씀을 드려요. 또한 제 연년생 아들도 잘 키울 수 있도록 노력해야겠습니다.

– ENEP형, 2014년 6월

영어공부, 성격대로 해라

* * *

 성격을 안다는 것은 저에게 아주 커다란 치유였습니다. 처음 교수님을 뵙고 '아! 학습을 위한 코칭을 받을 수 있겠다! 포인트만 잡으면 내 아이들을 지금보다 더 효율적으로 영어 학습을 시킬 수 있겠구나'라고 은근 기대를 하였습니다.

하지만 앞서가는 저만의 생각!

교수님과 만나면서 제 기대는 아무런 의미도, 필요도 없었습니다. 매주 제 자신을 다독이고 토닥여주는 힐링의 시간이 되었습니다. 급기야 3분의 2쯤에서는 꺅~ 감정형인 저는 눈물이 났어요.ㅜㅜ(살짝 주책)

아! 이것은 나를 위한 치유였구나. 모든 것을 완벽히 기억해낼 수는 없지만, 깊은 곳에 확실히 찍혀 있는 이 울림. 지금까지 저는 값진 치유의 시간을 갖을 수 있었고 힐링할 수 있었습니다.^^

갑자기 바빠지면서 참여하지 못한 적이 있었지만 마음속에 쾅! 하고 찍힌 이 울림으로 끝까지 쭉~ 가고 싶네요.

다른 분들도 저와 함께 힐링이 되셨으면 합니다.

- ESFP형, 2014년 6월

* * *

 교수님께서 'NT' 성향은 발음이 비슷한 'Anti'를 기억하면 더 쉽게 NT 성향을 이해할 수 있다고 설명하셨습니다. 그렇듯 'INTJ'형인 제 눈에는 다른 사람들의 단점이나 주변 환경의 어색한 부분들이 눈에 잘 띄었습니다. 대체로 첫 인상에서 다른 사람의 성향들을 잘 파악하게 되었고 시간이 지나면서 그러한 나의 짐작들이 들어맞는 결과를 자주 경험했습니다.

내향적이다 보니 표현은 안 했지만 이런 제 성향을 아량이 부족해 남을 이해하지 못해 나타나는 현상은 아닌지 스스로 마음이 편치 않았습니다.

'성격유형별 영어 학습'을 알게 된 후부터는 제 행동들이 내 고유한 성격유형에서 비롯된 것임을 알고 나를 이해하게 되었습니다. 그렇게 나를 이해하니 다른 사람의 행동들도 각자의 성격유형에서 나옴을 알게 되었습니다. 그 후로는 비판적인 시각을 거두게 되었고 그러한 행동의 배경을 찾아보게 되는 등 다른 사람들을 좀더 이해하게 되었습니다.

영어 학습자로서 그동안 복습을 싫어해 한 번 학습한 후 그냥 지나쳤던 경우가 많았었는데, 뇌과학과 영어 학습의 상관관계를 알게 되니 복습에 대한 관심을 갖게 되었습니다.

- INTJ형, 2014년 6월

* * *

일단, 이렇게 유용하고 뜻깊은 내용을 알려주신 교수님께 감사드립니다. 성격유형별 영어 학습을 배우니 이제껏 저는 영어 공부를 할 때 학습자라는 중요한 요소를 빠트리고 학습 목표만 생각해왔던 것 같습니다. 그러니 유명 강사들이나 영어를 잘한다는 사람들이 했다는 방법만 쫓아 아무리 영어 공부를 해보려고 노력해도 성적이 잘 오르지 않았습니다. 이 수업을 듣고 남들에게는 맞는 수업이 나에게는 맞지 않을 수밖에 없는 이유를 알게 되었습니다.

그리고 만 3세부터 5세 아이들과 영어 학습을 하고 있는 제 직업 생활에도 중요한 변화를 주었습니다. 그동안은 아이들의 개별적 성격 특성은 간과하고 내가 재미있는 수업 위주로 해왔다면, 이제는 아이들도 나름 흥미를 느끼고 주의집중을 하는 차이가 있겠구나 하고 느끼게 되었습니다. 그래서 길지 않은 시간이지만 아이들의 성격유형을 대략적으로 구분하고 수업을 해보았더니 제 스트레스도 줄고 아이들도 더욱 즐겁게 수업에 참여하는 것을 느낄 수 있었답니다.

- ISFP형, 20104년 6월

영어공부, 성격대로 해라

* * *

그동안 일하면서 잘 이해하지 못했던 아이들에 대해 새로운 사실을 알게 되어 유익했습니다. 한 예로 초등학교 5학년 여자아이가 저와는 반대 성향이었습니다. 제가 그 아이의 성격을 잘 이해하지 못해 여러 번 충돌하는 일이 발생했고, 결국 아이가 작년에 몇 달 간 학원에 나오지 않았습니다. 다시 학원에 나오게 되었는데, 그 사이 제가 수업에서 배웠던 외향형 학습방법을 적용해보았습니다. 전통적인 틀에서 벗어나 그 아이의 의견을 존중해주며 이해가 더딘 친구들을 돕게 해주는 시간도 갖게 하고 앞에 나와서 발표도 하게 해주었더니 현재는 잘 적응하고 즐거운 마음으로 수업을 하고 있습니다.

지금은 제 자신부터 변화되어야 할 부분이 많음을 알게 되었습니다. 이제부터는 아이들과 함께 하면서 배운 내용들을 기회가 주어질 때마다 적용해보려 합니다. 감사합니다.

— ISTJ형, 2014년 6월

* * *

성격유형에 대해 조금이나마 지식을 가지면서 사람들과 만나 그 사람들의 얘기를 들어보고 행동하는 것을 유심히 보게 될 뿐만 아니라, 그 사람이 왜 그렇게 할 수밖에 없는지 알게 된 소중한 시간이었습니다. "저 사람은 왜 저래?"라고 했던 부분이 이제는 이해하는 눈으로 바라봐주고 받아줄 수 있는 여유까지 생기게 되었어요. 물론 때로는 나랑 너무 달라 답답할 때가 있어 성격대로 욱할 때도 있었지만 참게 되는 경우가 더 많아지는 것 같아요. 너무 귀한 것을 알게 된 것이 저에게는 큰 축복이었습니다.

— ESTP형, 2015년 11월

Ⅲ

뇌과학과 영어 교육이 만나면?

생각해보기

"영어 공부를 위해서 별짓 다 해봤어요"

영어 교육 상담을 받으러 오는 학생들에게 종종 듣는 말이다. 뇌과학적으로 이 학생은 영어 공부를 위해 "별짓" 다 해서 실패한 것이다. "한 짓"만 했더라면 성공했을 것이다.

왜 그런지 뇌과학적으로 알아볼까요?

뇌 가소성(plasticity) 이론과 영어 학습

뇌세포 뉴런(Neuron)

1970년 무렵 골지가 뉴런의 구조를 처음
으로 발견했다.

인간은 약 2,000억 개의 뉴런을 갖고
태어난다. 성장과 발달을 하면서 반 정도
뉴런이 제거되고 약 1,000억 개의 뉴런을
갖고 평생 살아간다.

골지(Camillo Golgi, 1843–1926, 이
탈리아 의사). 조직학자로 신경계
의 미세구조를 연구하여 1906년
노벨 생리학·의학상을 받았다.

뇌세포의 구조

- 뉴런 : 신경세포
- 시냅스 : 뉴런과 뉴런 사이

뉴런 내에서는 전기적 전달을, 뉴런과 뉴런 사이시냅스에서는 화학적
전달이 이루어진다. 뇌가 유연한 이유는 시냅스의 화학적 작용 때문
이다. 뉴런이 죽어도 다른 뉴런과 시냅스가 형성되어 정보를 교류하기
때문에 뇌의 활동에 큰 지장이 없다.

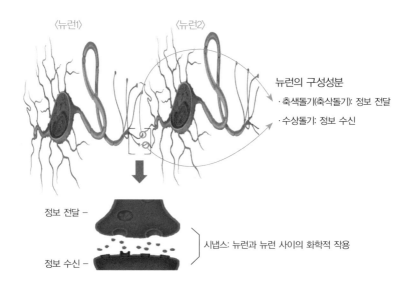

〈뉴런1〉　　　　〈뉴런2〉

뉴런의 구성성분
· 축색돌기(축삭돌기): 정보 전달
· 수상돌기: 정보 수신

정보 전달 —

정보 수신 —

시냅스: 뉴런과 뉴런 사이의 화학적 작용

시냅스는 아래의 뇌 가소성 이론의 토대가 된다.

뇌 가소성 이론

뇌에 일정량의 자극을 일정 기간 가하면 뇌 신경계가 변화를 일으켜 그 상태로 유지된다.

영어 공부를 30분씩 100일 동안 연속해서 매일 한 가지 방법으로 학습하면 뇌에서 영어가 필요하다고 판단하여, 100일이 지나면서 영어에 필요한 뇌 분비물질이 나오기 시작한다. 이때부터 영어 학습이 조금씩 쉬워진다. 이것을 습관화되었다고 말한다. 모든 뇌는 적절한 자

영어공부, 성격대로 해라

극을 주면 살아난다. 나이가 들면 젊은 사람에 비해 조금 늦게 살아날 뿐이다. 우리 뇌에는 소거 기능도 있다. 일정 기간 자극이 없으면 뇌는 필요 없다고 판단하여 관련 기능을 소거시킨다. 한국인이 영어 말하기에 취약한 이유는 영어 말하기를 하지 않기 때문이다. 뇌는 영어 말하기가 필요 없다고 판단하여 관련 뇌의 기능을 발달시키지 않는다. 영어 공부 하겠다고 이것저것 무조건 해보는 것은 영어 학습에 방해가 될 수 있다. 영어 학습과 관련된 뇌의 특정 부위를 일정 기간 지속적으로 자극해야 하는데, 이거 했다가 저거 했다가 하면 뇌는 무엇이 필요한지 혼동하기 때문이다. 자신에게 맞는 방법으로 꾸준히 매일 100일 이상 반복하면 영어 공부가 조금씩 수월해지기 시작할 것이다. 시냅스 형성이 견고해짐으로써 습관화가 되었기 때문이다.

뇌의 소거 기능

일정 기간 뇌에 자극이 없으면, 뇌는 필요 없다고 판단하여 해당 뇌의 기능을 소거한다.

자주 사용되는 어휘를 배워야 뇌 가소성 이론에 의해 영어 학습이 활성화된다. 자주 사용하지 않는 단어를 배우면 뇌의 소거 기능에 의해 며칠 지나면 기억에서 사라진다. 영어를 모국어로 배우는 아동의 동사 습득을 예로 살펴보자.

영어를 모국어로 사용하는 아동은 불규칙동사를 먼저 배운다. 그 이유는 불규칙동사가 가장 많이 사용되는 어휘이기 때문이다. 규칙동사를 배우면서 오류를 저지르지만 인지적 능력이 발달함에 따라 불규칙동사를 습득하게 되면 규칙과 불규칙을 구분하여 쓸 수 있게 되고 자연스럽게 오류는 고쳐진다. 한국의 경우 규칙동사를 먼저 가르치고 불규칙동사를 나중에 가르치고 있다. 이유는 규칙동사가 가르치기 쉽기 때문이다. 학습자를 고려한다면 가장 많이 사용되는 어휘를 먼저 가르쳐서 실제로 그 표현을 자주 접하고 많이 사용하게 해야 한다. 그러면 우리의 뇌는 그 어휘가 필요하다고 인식하고 장기기억 장치로 보내어 어휘를 습득하게 되는 것이다.

미국 아동의 불규칙동사 습득 곡선

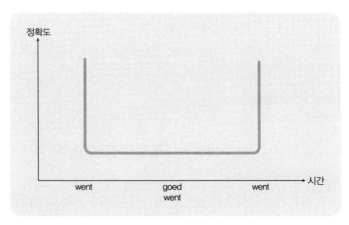

자주 접하는 불규칙동사를 초반에 정확하게 사용하는 이유는 암기했기 때문이다. 그러나 규칙동사를 배우면서 잠시 혼동하여 goed와 went를 혼용해서 쓰다가 규칙과 불규칙동사를 구분할 줄 알게 되면서 더 이상 혼동하지 않고 다시 정확하게 표현할 수 있게 된다.

거울 뉴런

뇌는 직접 해당 행위를 하지 않더라도 다른 사람이 하는 행위를 보면 그와 유사한 반응을 보인다. 이것은 마치 거울과 같다고 하여 거울 뉴런Mirror Neuron이라고 불린다.*

아이는 부모나 교사를 관찰하고 그대로 따라한다. 뇌도 사회적 유대 관계Social Brain Theory 속에서 발전하는 것이다. 따라서 공부를 강요하는 것보다 따뜻한 눈빛과 칭찬 한 마디가 더욱 중요하다.

우리의 뇌에는 거울 뉴런이 있기 때문에 성장기의 아동에게 부모나 교사가 스스로 아이의 모범적인 롤모델이 되어 주는 것이 공부하라는 말 한마디보다 훨씬 중요하다.

* Giacomo Rizzolatti and Corrado Sinigalia, *Mirrors in Brain*, 2007.

3 뇌 부위와 영어의 말하기, 듣기

영어의 듣기와 읽기는 정보를 입력하는 곳이고, 말하기와 쓰기는 고
차원적인 사고를 하는 전두엽에서 입력된 정보를 활용하여 인출하는
영역이다.

이 중에서 구두언어를 담당하는 뇌의 영역을 공부해 보자.

· 브로카(Broca) 영역 : 말하기(motor speech), 언어를 구사
· 베르니케(Wernicke) 영역 : 듣기(auditory association), 언어를 이해하고 해석

전두엽의 브로카 영역

영어 말하기를 열심히 연습했다면 전두엽의 브로카 영역이 발달한다. 이는 운동을 통해 근육을 만들어가는 과정과 유사하다. 매일 열심히 운동하면 근육이 붙듯이, 매일 열심히 말하기를 훈련하면 뇌의 브로카 영역이 발달해서 말하기를 잘하게 된다. 이때 입술과 혀의 근육 등을 사용하고, 귀로 듣고 이해해야 하기 때문에 뇌의 다양한 부분과 관련된다.

측두엽의 베르니케 영역

측두엽은 귀 바로 위쪽에 있는데, 언어를 듣고, 그것을 뇌에 입력하는 기억을 담당한다. 평균적으로 남성에 비해 여성이 영어를 잘하는 편인데, 그 이유는 남성에 비해 여성의 측두엽이 더 크기 때문이다. 모국어인 한국어도 대개 남자 아이보다 여자 아이가 말을 빨리 습득하는 것을 관찰할 수 있다.

측두엽은 약 7세 이후가 되면서 성숙하기 때문에 뇌과학적 관점에서 영어 교육의 적절한 시기는 7세 이후이다.

크라션*이라는 영어 교육학자는 소위 입력 가설input hypothesis이라고 하여 영어 학습 시 듣기만 잘하면 말하기는 저절로 된다는 이론을 주장한다. 그러나 이것은 모국어에서는 가능하지만 사춘기 이후 외국어로서 영어를 학습할 경우는 통하지 않는다.

사춘기 이후 영어 듣기만 할 경우, 뇌의 베르니케 영역만 발달하고 영어 말하기를 담당하는 브로카 영역은 발달하지 않기 때문에 알아듣기만 하고 말은 못하는 반쪽 영어가 되기 쉽다. 영어 말하기는 혀의 근육도 관련되어 있다. 한국어와 영어는 발음하는 혀의 위치가 다르다. 따라서 영어 말하기를 잘하고 싶으면 실제로 영어로 말하면서 혀를 움직여 줘야 한다. 외국어를 잘한다는 것은 영어의 말하기, 듣기, 읽기, 쓰기를 골고루 잘한다는 것을 의미한다. 따라서 우리는 영어의 말하기, 듣기, 읽기, 쓰기를 균형 있게 연습해야 할 것이다.

뇌지도 : 뇌와 관련이 많을수록 크게 그린 인체 지도

1950년 캐나다의 신경외과 의사 펜필드Wild Penfield 박사는 간질 환자의 발작 근원지를 알아내기 위해 뇌를 전극으로 자극하다가 측두엽의 기능을 밝혀냈다. 이것이 계기가 되어 다음 사진과 같은 뇌지도를 작성했다.

---

* Krashen, Stephen. *Foreign Language Education: The Easy Way*. Culver City, CA: Language Education Associates. 1997.

위의 사진에서처럼 뇌와 가장 많이 관련된 부분은 바로 손이다. 영어를 학습할 때 손을 사용해서 필기를 하고, 제스처를 하는 것은 뇌의 기억에 효과적이다.

두 번째로 뇌와 관련이 많은 부위는 입으로 영어를 직접 말하고, 혀를 정확하게 움직여야 한다. 결코 듣기만 해서 영어 말하기가 저절로 되지 않는다.

세 번째가 귀와 눈과 코다.

이렇게 오감각을 모두 사용하면 뇌가 활성화되어 더욱 효과적으로 영어를 공부할 수 있다.

수면 활용 영어 학습법

수면과 인간의 삶

① **렘수면**REM(Rapid Eye Movement) Sleeping : 빠른 눈의 움직임이 있는 수면 상태로, 꿈을 꾸고 낮 동안의 학습을 기억한다.
② **비렘수면**NREM(Non-Rapid Eye Movement) Sleeping : 빠른 눈의 움직임이 없는 수면 상태로, 면역기능이 증가하고 성장 호르몬이 분비되며 뇌가 회복된다.
③ 각성 상태 : 깨어 있는 상태이다.

해마의 기능

① 단기 기억을 장기 기억으로 전환하는 역할을 한다.
② 단기 기억을 유지시키고, 장기 기억에 대한 조절을 피질로 넘긴다.
③ 데자뷰 현상 : 해마가 단기 기억과 장기 기억을 잘못 분류해서 나타나는 현상
④ 해마는 스트레스코르티솔 호르몬 분비에 민감하다.
⑤ 시험이나 마감 직전의 적절한 긴장적절한 코르티솔 분비은 해마의 기능에

효과적이라 공부에도 효과적이다.

⑥ 만성적 스트레스 등 코르티솔 분비가 과다해지면 학습과 관련된 해마의 뉴런이 죽어서 해마의 크기가 작아진다.

수면과 학습

① 낮 동안 학습한 내용을 기억하게 하는 활동이 수면 중 해마의 기능이다.

② 잠이 든 상태의 뇌활동은 창의적인 아이디어의 매커니즘이다.

③ ┌ 각성 중 경험 : 지속적이고 반복적인 궁금증과 생각은 뇌에 깊이 인식된다.

└ 수면 중 학습 : 뇌의 해마에서 기억을 통합하고 재정리하고 공고히 한다.

④ 해마는 학습 내용 중 중요한 것은 단순하게 만들고, 불필요한 것은 제거한다.

⑤ 뉴턴의 만유인력의 법칙 발견 : 뉴턴은 지속적이고 반복적으로 사과가 떨어지는 이유를 고민했다. 이는 뇌에 깊이 인식되어 잠이 든 상태에서 문제가 해결되었다가 깨고 나서 기억나지 않다가 낮에 우연히 해결책이 떠오른 것이다.황농문(2012)

수면 부족이 학습에 미치는 영향

① 수면 패턴 상 잠이 부족하면 렘수면 단계가 가장 먼저 생략되기 때문에 학습 내용을 기억하는 데 방해가 된다.

② 렘수면 동안 해마에서 새로 경험한 내용을 복습한다.

③ 나이가 어릴수록 선행 경험이 부족하고 시냅스가 엉성하기 때문에 뇌가 금방 지친다. 그래서 아기들은 수면 시간이 길다. 중·고등학생과 성인도 충분한 수면을 통해 뇌 기능을 정비해야 한다.

사춘기 수면 패턴 변화

① 아동이나 성인에 비해 사춘기는 수면 신경전달물질인 멜라토닌이 1-2시간 늦게 분비되므로 밤늦게 잠이 들게 된다.

   ┌ 아동기 : 오전 학습이 효과적
   └ 사춘기 : 저녁 학습이 효과적

② 사춘기에 수면이 부족해지면 기억의 공고화에 기여하는 렘수면 단계가 삭제되어 학습의 장기기억 효과가 현저히 떨어진다. 밤새서 공부하고 시험을 보고나면 잊어버리는 이유는 렘수면이 없었기 때문에 장기기억으로 보존되지 못했기 때문이다.

③ 수면 부족이 사춘기 특유의 예민한 신경을 더 날카로워지게 만든다.

④ 사춘기에 밤새서 공부하는 것보다는 기본적인 수면 시간을 확보 후

깨어 있는 시간을 효과적으로 활용하는 것이 중요하다. 충분히 자면 렘수면 단계에서 해마가 장기기억으로 보존시킬 확률이 높아져서 오래도록 기억할 수 있게 된다.

수면과 학습 관련 연구

동일한 학습량과 학습시간이 주어진 후, A집단은 취침하게 하고 B집단은 다른 학습을 시켰다. 동일한 학습 내용으로 시험을 본 결과, 잠을 잔 A집단이 B집단에 비해 기억 효과가 훨씬 높았다.

수면 활용 영어 학습법

① 잠자기 직전에 영어를 공부한다.
② 적극적으로 영어를 듣거나 의식적으로 궁금해 하고 생각하면서 잠이 든다.
③ 공부 후 휴대폰, TV 시청, 대화도 금지한다. 즉, 영어를 공부하면서 잠이 든다.
④ 아침에 일어나자마자 어젯밤에 공부했던 내용을 한 번 더 학습한다.
⑤ 아침에도 잠자기 직전과 마찬가지로 학습이 종료될 때까지 휴대폰, TV, 잡담 등을 자제하되, 학습 관련 토론은 효과적이다.

⑥ 3번의 반복학습 효과

```
┌ 1단계   수면 직전 영어 학습
├ 2단계   렘수면 단계에서 해마의 기억 공고화
└ 3단계   깨자마자 학습
```

    이렇게 하면 잠자는 시간까지 학습에 활용하는 효과적인 영어 학습 방법이 된다. 이를 지속적으로 매일 반복하면 영어와 함께 잠들고 영어 관련 꿈을 꾸게 된다.

뇌를 활용한 영어 학습법

① 영어를 잘하는 모습을 상상하고 생각하면서 연습한다.
② 내가 원하는 것을 의도적으로 계속 생각하면 가치관의 변화를 체험하게 된다.
    "내가 해야 할 영어 공부가 좋다"고 느낀다.
③ 수면 시간을 활용한 영어 몰입 교수법은 몇 배의 효과를 얻을 수 있다.
④ 예를 들면 전두엽이 아직 발달하지 않은 중학생에게는 지금 공부 안하면 나중에 대학에 못가니 원하는 꿈을 이룰 수 없다고 말해도 통하지 않는다. 이 시기에는 현재 느끼는 감정의 즐거움이 중요하다. 감정의 유쾌함과 불쾌함을 느끼는 뇌의 편도는 성숙되었지만, 이를 조절하는 전두엽이 아직 발달하지 않았기 때문에 10년 후 미래를 위해 현재 노력하고 전략을 짜는 고차원적 사고가 어렵다.

05 뇌의 피질과 영어

두피 아래 두개골이 있고, 두개골 안에 뇌의 피질이 있다. 피질은 전두엽이마 부위, 측두엽귀 윗부분, 두정엽정수리 부분, 후두엽뒤통수으로 구성되어 있다. 네 가지 엽의 발달 시기가 모두 다르기 때문에 시기에 적절한 학습 경험을 제공하는 것이 중요하다.

전두엽의 기능

① Output출력의 영역인 말하기와 쓰기는 전두엽과 관련이 있다.

② 전두엽은 인지와 고차원적 사고를 담당한다.

③ 전두엽은 20세 초반이 되어야 성숙해져 제 기능을 한다.

④ 중·고등학생에게 고차원적인 정신활동을 요구하는 것은 무리이다.

⑤ 영재들은 전두엽의 성장이 또래보다 빠른 것이 특징이다.

⑥ 전두엽은 상위 인지 전략*과 관련이 깊고, 이는 교육의 영향이 크다.

---

* 공부를 잘하기 위해 자기 자신을 모니터하고 평가해서 학습전략을 세우는 것이다. 예를 들어 공부를 잘하기 위해서 자신을 관찰한 결과, 친구와 함께 공부하는 것이 효과적이라는 것을 알게 되었다. 따라서 학습을 잘하기 위해 그룹 스터디를 만들어서 계획을 짜고 공부하는 것이다. 상위 인지 전략이 약한 사람일수록 자신에게 맞는 학습법을 모른다.

⑦ 성격유형별 영어 학습 전략은 상위 인지 전략에 해당된다. 아동에서 성인에 이르기까지 상위 인지가 발달하지 못할 가능성이 높기 때문에 성격유형별 영어 학습의 교육이 필요하다.

측두엽의 기능

① 영어의 듣기 활동과 관련이 있다.
② 언어 발달의 기초가 되는 소리 변별 능력, 청각 능력을 담당한다.
③ 태내에서 약 5개월 정도 지나면 부모의 말을 뱃속에서 들을 수 있다.
④ 3세 이전 유아에게 영어 공부를 시킨다고 TV에 과다하게 노출시킬 경우 소리 변별 기회가 줄어서 오히려 언어 발달을 저해할 수 있다.
⑤ 스마트폰 게임 등 과도하게 빠르고 큰 소리에 길들여질 경우, 학교 생활에서 느리게 말하고, 들은 정보를 생각하기 위해 기다리는 데 대한 인내심이 부족해서 수업시간에 문제가 생길 수 있다.

후두엽의 기능

① 시각 능력을 담당하기 때문에 영어의 읽기와 마주 보고 대화하는 상황 등과 관련 있다.

② 자녀 교육에 있어서 시각적으로 민감한 시기는 1세 이전이다. 이때 풍요로운 시각 경험을 제공해 주는 것이 좋다.

③ Mind-mapping, 그림 등 시각적 자료는 후두엽을 활용한 교수법이다.

④ 행복했던 경험을 그리게 하거나 기분이 좋았을 때 이미지나 사진을 보게 하면 실제로 기분이 좋아지고 행복감을 느낀다. 수업 시작 전에 행복한 이미지나 사진, 감동적인 동영상 등을 보여주고 시작하면 학생들의 마음이 편안하고 행복해지면서 창의력과 집중력이 높아진다. 필자가 뇌과학을 몰랐을 때는 늘 수업시작 첫시간에 영어 단어시험을 보고 틀린 단어를 확인하도록 했다. 뇌과학에서 후두엽의 기능을 알고 난 후부터는 수업을 시작할 때 학생들의 마음을 불편하게 할 시험 대신 감동적인 영어 동영상이나 영어 명언과 행복해지는 사진을 보여준 후 수업에 임했다. 공교롭게도 단어시험을 보았던 1학년 학생이 2학년이 되었을 때 뇌과학을 알게 되어 같은 학생들에게 다른 교수법을 적용시킨 것이다. 그 효과에 깜짝 놀랄 정도로 아이들이 창의력과 집중력을 발휘하며 발표하게 되었다.

두정엽의 기능

① 수학적 추리와 공간 지각 기능을 담당한다.

② 영어 지문의 내용이 수학적 추리를 필요로 하고, 입체적이고 공간적인 재구성 능력을 요구할 경우라면 두정엽과 관련이 있다.

③ 일반적으로 여성보다 남성이 발달한 편이다. 길을 물어볼 때 두정엽이 발달한 남성과 상대적으로 그렇지 못한 여성은 표현의 구체적인 정도가 다르다.

- 여성 : 쭉 가다가 저쪽으로 가세요.
- 남성 : 200미터 직진 후 좌회전하세요.

④ 뉴버그의 연구 : 명상 후 전두엽 부분이 활성화되고, 집중력이 향상되었으며, 두정엽 부분은 활성이 감소했다. 명상을 하면 두정엽 기능이 저하되어 뇌에서는 시공을 초월한 상상이 가능해진다. 따라서 수업 전이나 시험 전 명상을 통해 집중력 향상 효과를 볼 수 있다.

결정적 시기와 민감한 시기

결정적 시기(Critical Period)

결정적 시기 가설은 언어를 배우는 데 최적의 특정 시기^{결정적 시기}가 있고, 그 시기를 지나서 배우는 것은 의미가 없다는 가설이다.

결정적 시기 가설 학습 그래프

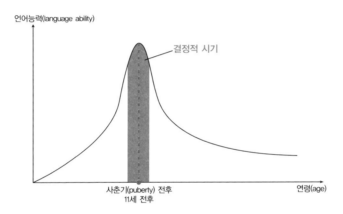

민감한 시기(Sensitive Period)

언어를 배우는 데 있어서 효과적으로 배울 수 있는 시기^{민감한 시기}가 있으나, 그 시기가 지나서 학습할 경우 민감한 시기만큼 효과적이진 않지만 조금 느릴 뿐 언어 학습에 있어서 큰 지장은 없다는 가설이다. 즉, 결정적 시기 가설은 영어를 가장 잘 습득할 수 있는 시기인 11세 전후를 넘기면 외국어 습득이 매우 어렵다는 가설이고, 민감한 시기 가

설은 11세 전후에 외국어 습득이 가장 효과적으로 잘 되는 것은 사실
이지만, 이 시기를 넘겼더라도 외국어 습득에 시간과 노력을 더 기울
인다면 외국어 습득을 충분히 잘 할 수 있다는 가설이다.

민감한 시기 가설 학습 그래프

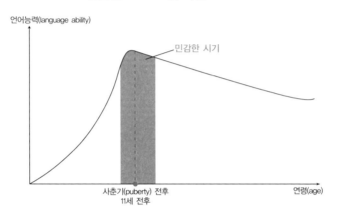

과거에는 결정적 시기 가설이 지배적이었으나 최근
외국어 교육은 민감한 시기 가설을 입증한 연구 논
문이 많이 나오고 있다. 따라서 나이가 들어서 영어
를 학습할 경우, 어린 학생들보다 학습 속도가 조금
느릴 뿐이지 영어 학습이 불가능한 것은 아니다. 얼
마든지 외국어 학습을 성공적으로 할 수 있다. 뇌과
학적 영어 교수법의 원리를 활용해서 좀 더 빠르고
효과적으로 학습할 수 있다.

영어공부, 성격대로 해라

정서 뇌와 칭찬 기술

〈정서 뇌〉의 정의

감정을 통제하는 뇌의 부분 (즐거운 뇌 + 우울한 뇌)

"뇌는 일반적으로 사고를 담당하는 영역보다 감정을
통제하는 영역이 먼저 발달한다."

– 일레인 폭스 저, 《즐거운 뇌 우울한 뇌》, 2013

즐거운 뇌

- 즐거운 뇌는 이마 앞쪽의 NAcc라는 뉴런 연결고리에 위치한다.
- 행복, 즐거운 감정, 보상을 얻으려는 욕구와 관련이 있다.
- 즐거운 뇌가 발달한 사람은 좌반구의 뇌가 활성화된다.
- 보상을 주는 것에 집중하게 하여 과제에 몰두하게 한다.
- 모두 다 긍정적으로 생각하는 것이 문제를 해결한다는 것과는
  다르다.
- 무조건 잘될 것이라고 기대하는 것이 아니라, 고난 속에서도 포

기하지 않고 해결책을 찾으려 애쓴다는 것이다.

- 마음 훈련을 통해 인생관이 바뀔 수 있다.

우울한 뇌

- 긍정적인 상황에서도 좌반구의 활성이 상당히 낮다. 우울증의 경우에도 이렇다.
- 우울한 뇌는 위험 관련 정보가 인지되는 순간, 자동적으로 스스로 보호하는 역할을 한다.
- 우울한 뇌는 안정된 공간에서 벗어날 때의 두려움, 위험 시도를 할 때의 걱정 등 부정적인 면을 생각하게 함으로써 움츠러들게 한다.
- 우울증 환자에게 하루 15분씩 부정적 사진과 긍정적 사진을 동시에 보여주면서 긍정적인 사진에 먼저 주의를 기울이게 유도했다. 이 과정을 무수히 반복한 실험 결과, 즐거운 뇌가 발달했다.

심상(마음의 이미지)과 관련 있는 후두엽 활용

우리의 뇌는 실제 본 것과 머릿속에 상상화한 것을 유사하게 처리한다. 예를 들어, 싫어하는 사람을 상상하면 실제로 본 것 같이 처리해서 표정이 나빠지고 감정도 상한다.

일레인 폭스는 "행복한 삶을 위해서 부정적인 감정 하나당 긍정적인 감정 셋이 필요하다"고 말한다.

부정적인 사람보다는 긍정적인 사람과 만나고 대화하며 긍정적인 감정을 불러일으키는 것이 중요하다. 이때 필요한 것이 칭찬이다.

칭찬의 기술

– 캐롤 드웩(Carol Dweck) 교수(스탠포드 대학교 실험 결과)

재능이나 지능을 칭찬할 때

> "넌 머리가 좋아서 조금만 하면 될 텐데…"
> "넌 재능을 타고났어, 소질이 있어."

고정된 사고방식을 갖게 하고 노력의 의지를 박탈할 수 있다.

멍청해 보이지 않도록 쉬운 것만 찾고, 실패할 가능성이 있으면 도전을 포기하게 된다. 부정행위 가능성도 높아진다. 재능이나 지능에 대한 칭찬은 위험할 수 있다. 어려운 문제를 보면 쉽게 낙담하고 실망하게 된다. 재능이나 지능이 고정되어 있다고 생각하기 쉽다.

노력에 대한 칭찬을 할 때

> "열심히 노력했구나!"
> "많이 애썼네. 노력하는 모습이 아름답구나!"

재능이나 지능을 노력해서 발달시키려 한다. 어려운 문제를 반기고 풀려고 깊이 몰두한다.

결론 : 노력을 칭찬하라

성숙한 아이는 다른 사람의 칭찬이나 인정을 받기 위해 공부하지 않는다. 스스로 노력한 결과, 성장할 자신을 위해 공부한다.

07 정서와 학습

① 변연계 : 전두엽의 도움을 받아서 정서 처리를 해석하는 기능을 하는 뇌의 부위로, 10-12세 사이에 성숙이 완료된다. 전두엽은 뇌의 모든 영역과 교류하기 때문에 20세 초반에 성숙이 완료되므로 변연계와 전두엽의 성숙 차이가 사춘기의 주요한 원인이 된다. 정서는 민감하게 발달되어 있는데, 이를 조절하고 통제할 전두엽은 아직 성숙하지 않았기 때문이다. 전두엽의 발달은 여성보다 남성이 더 늦은 편이다. 대학교 1학년 학생들을 보면 여학생은 남자 친구와 헤어져도 학업에 지장을 받지 않고 열심히 공부하는데, 남학생은 여자 친구와 헤어지면 감정을 통제하는 전두엽의 성숙이 늦기 때문에 F받는 학생들을 여럿 만나보았다. 남학생의 경우 군대를 다녀오면 전두엽 성숙이 완료되기 때문에 주변 환경과 관계없이 열심히 자신을 통제하며 공부하는 모습을 관찰할 수 있다.

② 안정된 정서가 주의 집중을 가능케 하고, 주의 집중은 학습을 가능케 한다.

안정된 정서 → 주의 집중 → 학습

③ 정서적 주의가 인지적 인식보다 우선한다.
　- 영어에 대한 부정적 피드백을 받았을 때 심한 수치심을 느끼

고, 불안감, 영어 울렁증이 생긴다. 영어와 두려움이 연합되면 일종의 불안장애가 발생한다.

- 9세-17세 학생 중 약 13%가 불안장애로 추정된다. 학습 불안장애는 학령기에 가장 흔한 증상이다.

④ 편도 : 쾌, 불쾌를 판단한다. 부정적인 정서를 담당하는 뇌의 부위로 교사가 지적을 하거나 혼낼 경우 편도가 활성화되어 다음과 같은 작용이 뇌에서 발생한다.

편도가 부정적 정서 인식

↓

장기기억장치에서 슬픈 기억 인출

↓

우울을 경험

주입식 교육과 정서

주입식 교육의 문제점

현재 한국의 고등학교 상황은 학습량이 과다하기 때문에 요약 정리하는 교수방법 선택이 불가피하다. 따라서 학생들의 호기심이나 의미 형성을 존중하지 못할 수밖에 없고, 창의적 지도가 거의 불가능한 상황이다. 이런 학습 환경에서 교사는 학습자의 정서를 무시하거나 위협하기 쉽다.김유미(2009)

정서 지능이 낮은 부모나 교사와 만날 때

교육적 목적이 너무 강한 경우 성급히 목표에 도달하려고 하고, 결과적으로 자녀나 학생을 위협하게 된다. 자신의 의도를 관철시키려는 부모나 교사는 아이의 정서를 위협하는 언행을 많이 한다.

> "~하면 안 돼, ~해!" → 정서 위협 언행

이 시대의 학생들은 매슬로의 욕구 3단계인 애정의 욕구가 중요하다. 정서 뇌의 발달이 사고와 관련된 뇌의 영역보다 우선한다. 즉, 정서가 학습보다 우위에 있는 것이다. 학생이나 자녀에게 공부하라고 재촉하기 전에 정서를 채워주었는지 먼저 살펴보아야 할 것이다. 이것은 스스로에게도 마찬가지다. 내가 중요하게 처리할 일이 있는데 하기 싫은 마음이 들 때가 있다. 중요하게 처리해야 할 일이 장기간에 걸쳐서 해야 하는 것이라면 스스로의 마음을 다독여주고 정서적 지지와 위안을 해주는 것이 더 중요하다. 자기 자신을 다그치면 일시적인 효과만 있을 뿐 장기적인 효과를 볼 수 없다. 정서적으로 상처주지 않는 것이 이 시대에 중요한 교수법이다.

8 ADHD 아동의 뇌와 정서(김유미, 2009)

뇌 영상촬영 결과, ADHD^{주의력결핍 과잉행동장애}의 아동은 양측 전두엽과 측두엽의 크기가 상당히 작은 것으로 나타났다. 따라서 동일한 과제를 수행하는 데 ADHD 뇌는 일반 뇌와 다르게 반응한다.

연구자들은 오늘날 가족 패턴의 변화와 양육 문제가 ADHD 아동을 증가시키고 있을 것이라고 추측하고 있다.

ADHD의 아이를 이해하지 못하여 아이가 부정적 피드백을 자주 받으면 분노나 우울증으로 2차적인 문제가 발생할 수도 있다. ADHD 가 아니더라도 주의가 산만한 아이를 접할 때 아래의 교수법이 도움이 될 것이다.

산만한 아이를 위한 교수법

- ADHD 아동은 주의 집중에 문제가 있다. 따라서 학습 속도가 느리거나 빠르지 않고 학습자에게 적절해야 한다.
- 시각적 이미지를 최대한 활용하고, 다양한 감각을 사용하는 교수법이 필요하다.
- 특히 참여하지 못할 때 더욱 산만하기 때문에 학습자를 참여시키는 수업 활동이 효과적이다.
- 교사 입장에서 아이를 단독적으로 지시할 경우 부정적 정서가

영어공부, 성격대로 해라

생겨 우울증이나 분노 같은 2차 증상이 발생할 수 있으므로 전체적인 차원에서 최소한의 규칙으로 일관된 행동을 한다.

ADHD 판정을 받고 퇴학당한 토드 로즈

에디슨, 아인슈타인 등 우리가 알고 있는 천재 과학자들 중 일부는 학교에서 퇴학당했던 사람들이다. 영재 6명 중 1명은 어린 시절 학습장애를 앓는다는 보고가 있다.

토드 로즈(하버드 대학 교육신경학과 교수)

하버드 대학교 토드 로즈 교수는 13세 때 주의력결핍 과잉행동장애와 학습장애 진단을 받았다. 18세에 고교에서 퇴학당한 후 최저임금의 아르바이트를 전전했다. 19세엔 여자 친구가 임신을 했다. 사람들이 보기에 그는 가망 없는 청소년이었다.

그러나 어떤 상황에서도 아들을 끝까지 믿어준 어머니, 아들과 시간을 나누려고 노력한 아버지, 학생의 가치를 지지해 준 교수가 있었기에 토드 로즈 교수는 그런 기대에 부응하기 위해 노력할 수 있었다. 긍정적 피드백이 긍정적 행동을 낳고 그 행동은 다시 좋은 피드백을 불러오는 긍정의 피드백 루프feedback-loop가 순환을 거듭하면서 어느새 그의 산만함은 혁신의 자질로 변형됐고 결국 교육신경학의 권위자가 되어 하버드 대학교 교수가 되었다.

09 뇌와 영양

물을 충분히 마셔라

뇌는 물 78%, 지방 10%, 단백질 8% 등으로 구성되어 있다.
뇌에서 물은 중요한 역할을 한다. 수분이 부족하면 뇌가 긴장하고 결과적으로 학습에 부정적 영향을 미친다.

강의 듣기 전에 꼭 식사를 한다

뇌는 우리 신체의 2%를 차지하지만 전체 에너지의 25%를 뇌에서 소비한다.
　아무리 머리가 좋아도 에너지가 있어야 뇌를 활용할 수 있다. 탄수화물은 뇌의 에너지원으로서 중요한 역할을 한다. 식사를 거르고 공부하는 것은 휘발유^{에너지원} 공급 없이 자동차가 달리고자 하는 것과 마찬가지다.

힐링 노트

현재까지 본인이 사용했던 영어 학습 또는 교수 전략 중에서 성공했던 경험과 실패했던 경험을 글로 적어보세요. 이 책을 다 읽은 후 다시 읽어 보세요. 그 이유를 새로운 관점으로 해석하게 될 것입니다.

	성공 경험	실패 경험
말하기		
듣기		
읽기		
쓰기		
어휘		
문법		
기타		

영어의 말하기, 듣기, 읽기, 쓰기를 골고루 잘 하기 위해서는 매일 영어로 말하기, 듣기, 읽기, 쓰기를 골고루 연습하면 됩니다.

1주일 동안 여러분이 영어 공부한 것을 아래의 표에 동그라미(O)로 표시해 보세요. 영어 공부를 하지 않은 날은 곱표(×)로 표시합니다. 표시만 해도 학습 의욕을 불러일으킬 수 있습니다. 사람은 누구나 자신이 만든 목표를 달성하고 싶은 욕구가 있기 때문입니다.

익숙해지면 여러분 스스로 표를 만들어서 2주간 표시해 보고, 그 다음은 3주 …. 이렇게 조금씩 기간을 늘려나가 보세요. 꾸준히 체크하다 보면 자신도 모르게 어느새 영어의 불균형이 조금씩 균형을 잡아가는 자신을 발견하게 될 것입니다.

	월	화	수	목	금	토	일
말하기							
듣기							
읽기							
쓰기							
계							

영어공부, 성격대로 해라

그리고 동그라미 표시를 할 세부 목표를 정해보세요. 예를 들어 다음과 같이 목표를 세우고, 습관이 되면 하루 두 줄, 세 줄로 점차 늘려 나가시면 됩니다.

"올해는 영어를 잘 해야지!"

"이번에는 영어를 열심히 공부할거야!"

이런 것은 목표가 아닙니다. 목표는 구체적이어야 하고, 측정 가능하고, 마감기한이 있어야 합니다. 구체적인 계획과 마감기한이 있고, 자신이 그 목표를 어느 정도 실행했는지 측정할 수 있도록 목표를 설정하세요.

실천 목표 예시

(1) 말하기 – 하루 한 마디, 감정을 넣어서 영화 〈You've got mail〉의 대사를 따라서 말하기

(2) 듣기 – 스티브 잡스의 옥스포드 대학교 졸업연설을 하루 한 문장 듣기

(3) 읽기 – 하루 한 줄 영어 동화 《Soul Bird》 읽기

(4) 쓰기 – 하루 한 줄 읽었던 영어 동화 베껴 쓰기

이때 중요한 것은 자신이 실천 가능한 목표를 세우
는 것입니다!
자신에게 작은 성공경험을 주면 스스로 자신감이 생
기고, 동그라미를 채워 넣는 재미로 영어에 동기부여
를 받을 수 있습니다.

영어공부, 성격대로 해라

PART 1

16가지 성격유형과
영어 교육

16가지 유형 MBTI 탄생 이야기

생각해보기

MBTI라는 16가지 유형은 어떻게 해서 만들어진 것일까요?
프로이트와 칼 융의 만남, 마이어스와 브릭스 모녀의 이야기를
살펴봅시다.

프로이트Sigmund Freud, 1856-1939는 오스트리아 정신과 의사이자 철학가이자 정신분석학의 창시자다. 그는 무의식과 억압의 방어기제 이론을 바탕으로 환자와 대화로 정신 병리를 치료했다.

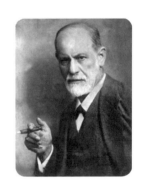

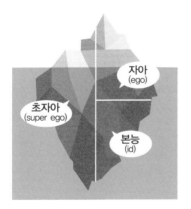

본능, 자아, 초자아의 상호작용

프로이트는 우리의 내면에 거대한 본능과 도덕적 판단을 담당하는 초자아, 즉 본능과 초자아 사이에서 둘의 갈등을 조절하는 자아가 존재한다고 주장했다. 무의식의 억압된 본능은 꿈으로 나타난다고 판단하여 꿈을 해석하고 분석하는 것으로 정신 병리를 치료했다. 프로이트의 《꿈의 해석》을 읽고 칼 융은 자신의 연구와 유사점을 발견하고 프로이트에게 연구결과를 서신으로 보내면서 왕래가 시작된다. 영화 〈A Dangerous Method〉2011에서 둘의 만남을 잘 묘사하고 있다.

A Dangerous Method(2011)

오스트리아 정신과 의사이자
정신분석학 창시자인 프로이트

스위스 정신과 의사이자
분석심리학의 창시자인 칼 융

성도착증 정신질환 환자였으나
칼 융이 치료하면서
훗날 아동정신과 전문의가 된
실존인물 사비나 슈필라인

영어공부, 성격대로 해라

칼 구스타브 융(이부영, 2012)

융Carl Gustav Jung, 1875-1961은 가난한 스위스 목사의 아들로 태어나 20세부터 25세까지 대학에서 의학을 전공했다. 28세에 부잣집 딸과 결혼한 후 평생 경제적인 걱정을 덜게 되어 더욱 연구에 몰두할 수 있었다.

프로이트의 《꿈의 해석》을 읽고 자신의 단어연상검사 결과와 관련성을 발견한다. 31세에 프로이트에게 연구결과를 보내면서 서신 왕래를 하다가 32세에 드디어 프로이트와 처음으로 상봉한다.

1907년 2월 빈에서 오후 1시에 처음 만나 13시간 동안 먹지도 않고 대화하면서 무아지경에 빠지는 경험을 했다. 그야말로 몰입 대화를 한 것이다. 38세에 프로이트와 결별 후 심적 고통을 학문으로 승화하여 분석심리학을 탄생시킨다.

45세1920에 〈심리적 유형론Psychological Types〉이라는 논문을 발표했고, 이 논문을 미국에 사는 마이어스와 브릭스 모녀가 읽은 후 MBTI를 연구하게 된다.

마이어스*와 브릭스**는 가족사를 연구하던 모녀였다. 미국의 이혼율은 50%에 육박하고, 이는 세계에서 이혼율이 가장 높아 이혼천국이라는 오명을 남겼다. 두 모녀는 사랑해서 결혼했는데 왜 이렇게 이혼률이 높을까를 연구하게 되었다. 그러던 중 사람마다 일정한 패턴의 성격이 있고, 사람마다 성격이 다름을 발견하고, 이를 연구한 것이다. 즉, 이혼의 원인을 성격 차이에서 찾은 것이다. 한국 역시 이혼율 30%로 미국 다음으로 이혼율이 높은 나라로 자리 잡고 있는 점은 안타까운 현실이다. 또한 이혼의 이유 중 가장 많은 비중을 차지하는 것이 바로 성격 차이다.

한국에는 1990년 6월에 "한국MBTI연구소http://www.mbti.co.kr"에서 미국 CPP사의 승인하에 MBTIMyers-Briggs Type Indicator 검사지를 표준화하였으며, 한국 내 출판권은 (주)어세스타에서 CPP와 계약하에 출판하고 있다. 필자도 학부, 석사, 박사 과정 동안 MBTI를 배우고 연구하면서, 전문가가 되기 위해 한국MBTI연구소에서 약 1년 동안 MBTI 일반강사 과정을 이수하고 자격증을 취득했다.

---

*   이사벨 브릭스 마이어스(Isabel Briggs Myers, 1897~1980). 브릭스의 딸로 어머니와 공동으로 융의 이론을 토대로 1943년 심리검사 문항을 개발하고, 1962년 MBTI라는 이름으로 성격유형 검사를 소개했다. 1975년 CPP에서 저작권을 인수하고 보급하기 시작했다.

**   캐서린 브릭스(Katherine Cook Briggs, 1975~1968). 1923년 칼 융의 〈심리적 유형론〉을 읽고 20년간 융의 이론을 응용하는 데 일생을 바쳤다.

내 성격유형 알아보기

지금부터 자신이 어떤 성격유형인지 알아볼 것이다.

우선 이 활동지를 오리고 펜을 준비한다. 95쪽부터 시작되는 성격유형 알아보기는 4가지 양극지표 중 자신에게 맞는 유형을 선택하도록 구성되어 있다. 각 양극지표를 예로 들어 ①, ②로 나눈 상황을 보고 자신에 가까운 항목을 표시한다. 그렇게 선택한 4가지 유형을 아래에 있는 〈나의 성격유형〉의 빈 칸에 채워보자.

자신의 성격유형은 뒷면을 참조한다.

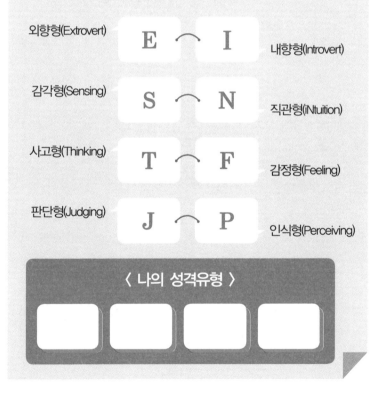

외향형(Extrovert)　　E ⌒ I　　내향형(Introvert)

감각형(Sensing)　　S ⌒ N　　직관형(iNtuition)

사고형(Thinking)　　T ⌒ F　　감정형(Feeling)

판단형(Judging)　　J ⌒ P　　인식형(Perceiving)

〈 나의 성격유형 〉

지금까지 네 번의 성격유형 알아보기를 모두 마쳤다.

8가지 지표를 가지고 만들어진 16가지 성격유형은 다음과 같다.

여러분의 최종 MBTI 유형을 찾았는가? 183쪽부터는 자신의 성격유형을 잘 살려 성공한 인물을 소개하였다. 각 성격유형의 장·단점, 같은 유형·반대 유형을 제대로 파악하면 학습, 전공·진로 선택에 실질적인 도움이 될 것이다.

〈도표 출처: 김정태 외, 2007〉

ISTJ	ISFJ	INFJ	INTJ
세상의 소금형	임금 뒤편의 권력형	예언자형	과학자형
184쪽	192쪽	200쪽	208쪽
ISTP	ISFP	INFP	INTP
백과서전형	성인군자형	잔다르크형	아이디어 뱅크형
216쪽	226쪽	242쪽	234쪽
ESTP	ESFP	ENFP	ENTP
수완 좋은 활동가형	사교적인 유형	스파크형	발명가형
201쪽	209쪽	185쪽	193쪽
ESTJ	ESFJ	ENFJ	ENTJ
사업가형	친선도모형	언변능숙형	지도자형
243쪽	235쪽	217쪽	227쪽

만일 자신의 성격유형을 파악하는 과정에서 어려움이 있다면 자격을 갖춘 전문가에게 검사지 검사 및 해석을 받아보자. 필자에게 직접 상담받고 싶다면 〈rigolove@hanmail.net〉으로 이름, 연령, 연락처를 기재하고 검사를 요청하면 된다. 검사비를 결재하면 메일로 검사지를 받고, 검사 후 전화나 면담을 통해 해석과 상담을 제공받을 수 있다.

I

사람이 필요한 외향형, 혼자가 편안한 내향형

생각해보기

"저는 조용한 곳에서 집중이 잘되요. 그래서 독서실 가서 공부하는 편이에요."

"저는 조용하면 오히려 공부가 안 돼요. 사람들이 있는 카페나 운동장, 전철에서 공부가 잘되요."

영희와 민수는 왜 이렇게 다른 것일까요?

다음의 ①번과 ②번 그림 중 본인의 성격과 가까운 것을 선택하세요.

외국인 친구와 직접 대화하면서 영어 공부하는 것이 더 집중이 잘된다.

혼자서 공부해야 집중력이 생긴다.

친구를 좋아하기 때문에 친구가 공부에 촉매역할을 할 수도 있고 방해요인이 될 수도 있다.

조용한 곳에서 집중이 잘된다.

영어공부, 성격대로 해라

행동이 먼저 앞선다.(산에 올라간 후에 내가 왜 산에 올라왔는지 생각한다)

생각만 많이 하다가 실행에 옮기지 않는 경우가 종종 있다.(산에 올라갈까 말까 고민한다)

스터디 그룹으로 공부하는 것이 효과적이다.

혼자 공부하거나 친한 친구나 편한 과외 선생님과 1대 1로 공부하는 것이 효과적이다.

사람들과 만나고 대화하면서 에너지
를 얻는다.

사람들이 많은 곳에 오래 있으면 에
너지가 고갈되어 혼자 쉬고 싶다.

당신은 ①번과 ②번 중에서 어느 쪽에 더 가까운가?

①번이라면 당신은 외향형(E)일 가능성이 높다.

②번이라면 당신은 내향형(I)일 가능성이 높다.

당신이 외향형과 내향형 중 어느 쪽에 더 가까운지 결정해서 93
쪽의 〈나의 성격유형〉 첫번째 칸에 외향형이라면 E라고 적고, 내
향형이라면 I라고 적어보자.

나는 _____입니다.

영어공부, 성격대로 해라

외향형과 내향형 질문에 대답을 해봄으로써 한 번 더 내 성격유형을 확인하자. 다음 질문에 대한 대답을 아래에 써보자.

금요일이 공휴일이라면 휴일을 어떻게 보낼건가요?

본인의 대답을 유형별 그룹활동 대답과 비교해보자.

E – 외향

1. 목요일 수업 끝! 감성주점 go! <small>(손글씨 메모)</small>
2. 도시락 싸서 한강 & 자전거 타기
3. 홍대 맛집투어 + 카페 폭풍수다 ㅋㅋ
4. 저녁 내기 당구 & 볼링
5. 장보기, 파티룸에서 party tonight ♡
   dress code : sexy

I<small>NTROVERT</small> 내향

1. 낮잠자기
2. 누워서 <u>핸드폰 하기</u>
   웹툰 만화보기
3. TV 시청   (카톡✗)
4. 음악 감상

등.

외향형과 내향형의 영어 교육

사람이 필요한 외향형

외향형 학습자는 수업 시간에 적극적으로 참여할 가능성이 높다. 생각을 말로 하기 때문에 자칫 조용히 해야 할 때 시끄러울 수 있다. 회화 수업일 경우, 외향형 학습자를 중심으로 수업이 운영되기 쉬우므로 교사는 내향형 학습자에게 발화의 기회를 주기 위해 노력해야 한다.

필자는 균등한 말하기 기회를 주기 위해 3장의 발언권 카드를 나눠준다. 그리고 수업 시간 내에 발언권을 한 장씩 내고 말하도록 규칙을 정한다. 그러면 외향적인 학습자는 먼저 카드를 써버리고, 내향적인 학습자는 외향형 학습자들이 말하는 동안 생각할 시간을 가진 후 나중에 말하기를 한다.

외향형 학습자는 친구와 함께 공부할 때 최대 효과를 낼 수 있다. 그룹 스터디나 친구와 함께 강의를 듣거나 도서관에 가는 등 최대한 공부 친구를 활용하는 것이 좋다. 외향형은 공부한 것을 말로 표현하는 것이 효과적이다. 책도 소리 내어 읽고, 친구와 토론하거나 발표할 기회가 있을 때 학습이 촉진된다.

주의해야 할 사항은 자신감 없는 외향형이다. 다른 시간에는 외향인데 영어 시간만 되면 조용한 학생이 있다. 영어에 자신감이 없기 때문에다. 이럴 경우 내향형으로 잘못 판단할 수 있으니 교사는 학생들이 자신의 성향을 그대로 드러내고 유형별 맞춤식 코칭을 받을 수 있도록 틀려도 괜찮다는 분위기를 조성해 주는 것이 중요하다.

외향형 영어 선생님은 말이 없고, 생각하느라 대답이 늦거나 반응이 없는 내향형 학습자를 가르칠 때 힘들어 할 수 있다. 외향형 교사는 학생들을 만나면 에너지를 얻기 때문에 강의하는 것이 좋고 행복하다고 말한다. 그러나 내향형 학습자와 1대 1로 수업하는 것은 힘들어 한다. 이때 내향형 학습자를 이해하고 기다려 주는 것이 필요하다. 교실 수업에서 내향형 학습자에게 심리적 부담감을 줄여주고, 맞춤식 수업을 하기 위해 어떻게 해야 하는지 내향형 학습자에 대해서 살펴보자.

영어공부, 성격대로 해라

혼자가 편안한 내향형

내향형 학습자는 교사가 공개적으로 갑자기 의견을 물어볼 경우 당황해 한다. 한국말로 대답하는 것도 꺼리는 내향형 학습자는 영어로 대답해야 할 때 느끼는 긴장감은 더욱 클 것이다. 내향형 학습자는 생각할 시간이 필요하기 때문에 갑자기 물어보면 당황해 한다. 미리 질문할 내용을 알려주어 충분히 생각하고 조사할 시간을 주는 것이 좋다. 따라서 생각할 시간을 활용하는 배경지식 쌓기 활동이 선행되면 효과적인 수업을 할 수 있다. 예를 들면 다음 수업에 미국과 영국의 발음차이에 대해서 공부할 것이라고 미리 알려주고, 본 수업에 들어가기 전에 미국 발음과 영국 발음에 대한 배경지식을 공부한다. 그러면 미리 공

부해서 알고 있기 때문에 자신감이 생겨 수업 때 적극적일 수 있다.

내향형은 외향형 학습자와 비교할 때 말하기에 취약하다. 또한 공개적인 말하기 평가에서 자신의 역량을 발휘하지 못할 수도 있으니 내향형 학습자의 말하기 평가는 교사와 단 둘이 있는 편안한 상황을 만들어주는 것이 중요하다. 그러나 배경지식이 충분하고 수업 준비가 잘되어 있는 내향형 학습자는 마치 외향형처럼 발표도 잘하고, 수업에 적극적일 수 있다. 따라서 내향형 학습자에게 자신감을 심어주는 것은 매우 중요하다. 자신감 있는 내향형은 적극적으로 수업에 참여하기 때문에 외향형처럼 보인다.

내향형 영어 선생님은 차분하고 조용한 교실 분위기를 선호한다. 따라서 외향형 학생들의 질문과 답변이 견디기가 어렵다. 많은 학생들을 가르치는 내향형 교사는 에너지를 빼앗기기 때문에 쉬는 시간에 충분히 쉬어 주는 것이 필요하다. 쉬는 시간까지 학생들이 찾아와서 질문하면 다음 시간에 사용할 에너지가 고갈될 수 있다. 따라서 자신의 에너지를 빼앗기지 않으면서 학생들과 소통할 수 있는 온라인 공간에서의 질의응답이나 스마트폰 앱을 활용한 소통도구를 통해서 쉬는 시간을 확보하고 에너지가 충전될 때 답변할 수 있도록 한다.

영어공부, 성격대로 해라

당신에게 가장 효과적인 영어 학습방법은?

외향형 학습자에게 듣는 효과적인 영어 학습법

① 클럽에서 외국인을 사귄다. (성인 학습자)

② 부모님이 옆에 있으면서 공부시켜 준다. (초등학생)

③ 시험 기간에는 서서 돌아다니면서 중얼중얼 소리 내어 암기한다.

④ 공부 좋아하는 친구를 사귀어 스터디한다.

⑤ 배운 것을 말로 표현하고 그것을 들어줄 사람이 있을 때가 좋다.

⑥ 가족이 있는 거실이나 카페 등 사람이 있는 장소에서 공부한다.

⑦ 칭찬과 지지를 들으면서 공부한다.

⑧ 영어 말하기 활동이 가장 즐겁고, 혼자서 해야 하는 읽기, 쓰기는 별로 내키지 않는다.

⑨ 영어 독해나 영작도 스터디로 공부하면 효과적이다.

⑩ 영어 캠프, 영어 연극, 토론, 조별 발표 등 오프라인 활동이 좋다.

외향형 교사에게 추천하는 교수기법(마이어스, 2008)

학생들에게 질문하고 대답을 하기까지 3초 동안 기다리는 연습을 한다. 플로리다 대학의 메리 버드 로(Mary Budd Rowe) 박사의 연구에 의하면 300개가 넘는 학급의 교사가 학생의 대답에 평균 1초도 기다려주지 않는 다는 것이 밝혀졌다.

교사가 평균 3초가량 기다려주었더니 다음과 같은 효과가 있었다.

① 학생들의 대답이 단어수로 평균 4배 이상 길어졌다.

② 학생들이 질문과 관련 있는 말을 자발적으로 하는 횟수가 3배 이상 늘었다.

③ 추론적인 대답을 하는 횟수가 3배 이상 높아졌다.

④ 대답을 못하는 경우가 2분에 한 번에서 15분에 한 번꼴로 줄었다.

영어공부, 성격대로 해라

① 한 선생님과 1대 1로 영어 과외를 장기간한다. 혼자는 부담스럽다면 친한 친구랑 둘이서 한 선생님과 영어 과외를 장기간한다.

② 갑자기 선생님이 바뀌거나 부모가 갑자기 영어 학원을 바꾸면 스트레스 받는다.(즉, 변화에 적응이 느린 편이다.)

③ 사적 공간과 사생활을 인정해 줄 때가 좋다.(나만의 조용한 공간에서 간섭 받지 않고 공부하고 싶다. 같이 공부하면 집중이 안 된다.)

④ 영어 말하기가 제일 취약하기 때문에 사전에 준비할 시간을 충분히 준다.

⑤ 심리적 불안감을 해소할 수 있도록 편안한 분위기를 조성한다.

⑥ 갑자기 공개적으로 시키지 않는다.

⑦ 가만히 앉아서 듣기만 하는 수업이 좋다.

⑧ 조별 활동을 해야 한다면 친한 친구와 한 조가 되어야 잘 할 수 있다.

⑨ 전화영어나 화상영어로 말하기 수업을 장기간 체계적으로 했을 때 마음이 편하고 효과적이다.

⑩ 쓰면서 공부하는 것이 효과적이다.

내향형 교사에게 추천하는 교수기법

재충전을 위해 나만의 사적 공간에서 혼자 쉬고 사색하는 시간을 갖는다.

외향형 어머니 우리 아이 공부시키기 위해서 과외도 시켜보고, 학원도 여러 곳 보내봤는데 영어에 진전이 없어요.

내향형 자녀 저도 제가 왜 영어에 자신이 없고, 흥미가 없는지 잘 모르겠어요. 어머니께서 많이 노력하신 것 같기는 한데…. 어떻게 영어를 공부해야 할지 모르겠습니다.

외향형 어머니는 결과가 빨리 나오기를 바라는 유형이십니다. 하지만 자녀는 반대로 느긋하여 여유가 있어야 하는 유형입니다. 그러니 어머니 성격대로 다그치면 오히려 더 움츠리게 됩니다.

내향형 아이는 환경의 변화가 학습에 방해 요인이 될 수 있습니다. 예를 들어 갑자기 새로운 학원에 보냈다면, 친한 친구도 없는 상태에서 긴장하게 됩니다. 새로운 환경과 새로운 선생님에 적응하는 시간이 외향형 아이보다 오래 걸립니다.

선생님도 내향형 학생을 파악하는 데 시간이 오래 걸립니다. 묻기 전에는 자신의 의사를 말하지 않기 때문입니다. 따라서 환경이 변하면 학원이나 선생님의 실력과 상관없이 성적이 떨어질 수 있습니다. 어머니는 빨리 결과가 나오지 않으니 급한 마음에 학원을 바꾸었지만 그것은 오히려 자녀에게 독이 되는 처방이기 쉽습니다.

자녀분처럼 뚜렷한 내향형 학습자에게 가장 좋은 방법은 한 분의 선생님께 1대 1로 꾸준히 장기간 공부를 하거나 마음 맞는 친구와 선생님과 함께 소수 정예로 장기간 공부하는 것입니다. 영어는 한두 달 공부해서 성적이 오르는 과목이 아닙니다. 한 선생님 밑에서 1년 이상 꾸준히 공부해 보십시오. 그러면 조금씩 실력이 오르는 것을 자녀 스스로 느끼게 될 겁니다. 자녀에게 물어보시고 자녀가 충분히 생각하고 대답할 때까지 기다려주세요. 오늘 물어봤다면 2,3일 후에 대답을 확인해주세요. 회화공부를 하고 싶다면 심리적으로 편안할 수 있도록 화상영어나 전화영어를 추천합니다.

* * *

내향형 어머니 저는 아이들을 위해 독서실에 데리고 가서 함께 공부하려고 하는데, 왠지 아이들이 저와 함께 독서실 가는 것을 싫어하는 것 같아요.

외향형 자녀 저는 독서실에 가면 집중이 안 돼요. 차라리 그 시간에 친구들하고 스터디하거나 학원에 가는 것이 더 효과적인 것 같아요.

내향형 어머니는 자녀도 자신처럼 조용한 환경에서 공부를 잘 할 것이라고 생각하셨다고 합니다. 외향형 자녀에게 늘 "네 방에 들어가서 조용히 공부해"라고 요구했다고 합니다. 자녀 입장에서는 가족들이 있는 거실이 에너지를 얻어서 더 효과적으로 공부할 수 있는 환경이었을 텐데 아무도 없는 공부방은 외향형 학습자에게 최악의 공부조건이 된다는 것을 내향형 어머니는 모르고 계셨던 것입니다.

외향형 아이는 생각을 말로 하기 때문에 아이가 시끄럽게 떠드는 것처럼 느껴지는 어머니는 "조용히 속으로 생각해"라고 말하곤 했지만 이것은 외향형 학습자로 하여금 뇌의 활동을 멈추게 하는 역효과가 있습니다.

아이가 친구들과 공부할 수 있는 환경을 만들어 주시고, 아이를 믿어주세요. 외향형 학습자는 부모의 지시보다는 믿음과 따뜻한 시선이 더욱 중요하답니다.

배려란?
내향형에게는 말 걸지 않고 혼자만의 시간을 갖도록 해주는 것이고, 외향형에게는 말 걸어주고 함께 시간을 보내주는 것이다.

영어공부, 성격대로 해라

Ⅱ
감각형과 직관형,
선호 자료와 시험 전략이 다르다

생각해보기

"저는 순서대로 차례차례 자세히 공부하는 것을 좋아해요. 선생님께서 차근차근 자세하게 설명해 주셨으면 좋겠어요."

"저의 상상력이 이끄는 대로 자유롭게 흘러가는 공부를 하고 싶어요. 선생님의 자세한 설명을 오래 듣고 있으면 지쳐서 공부할 의욕이 사라져요."

감각형인 미영이와 직관형인 철이는 왜 이렇게 다른 걸까요? 어떻게 수업하는 것이 각자에게 효과적일까요?

다음의 ①번과 ②번 그림 중 본인의 성격과 가까운 것을 선택하세요.

실제적이고 구체적인 경험을 통한 학습이 효과적이다.

상상력을 자극할 수 있는 이론·원리·문화 등의 수업을 좋아한다.

영어공부, 성격대로 해라

기존의 체계와 상하 관계를 중요하게 생각한다.

기존의 틀을 깨고 변화를 추구한다.

단계적이고 구체적인 학습을 원한다. 예를 들어 유학을 가고자 할 때 감각형
들은 유학을 다녀온 이후의 상황과 유학자료 준비 등을 단계적이고 구체적으
로 생각하고 준비가 되어야 갈 수 있다.

준비 없이 상상만으로 도전할 수 있다. 직관형은 감각형에 비해 미래가 밝다
고 상상하고 준비가 부족해도 유학에 도전할 확률이 높다. '일단 유학을 가면
무언가 길이 생길거야'라는 식으로 기대할 수 있다.

영어공부, 성격대로 해라

취업이나 연봉 등 실질적인 도움이 동기부여가 된다.
'토익 점수 900점이 넘으면 외국계 회사에 취업하는 데 도움이 되니까 토익 공부 열심히 하자'

미래의 꿈과 상상만으로도 동기부여가 된다.
'영어를 잘하면 해외에 가서 사람들과 소통하고, 그러다보면 또 좋은 일들이 일어날거야'

당신은 ①번과 ②번 중에서 어느 쪽에 더 가까운가?

①번이라면 당신은 감각형(S)일 가능성이 높다.

②번이라면 당신은 직관형(N)일 가능성이 높다.

당신이 감각형과 직관형 중 어느 쪽에 더 가까운지 결정해서 93쪽의 〈나의 성격유형〉 두번째 칸에 감각형이라면 S라고 적고, 직관형이라면 N라고 적어보자.

나는 _____ 입니다.

감각형과 직관형 질문에 대답을 해봄으로써 한 번 더 내 성격유형을 확인하자. 다음 질문에 대한 대답을 아래에 써보자.

'사과'하면 떠오르는 것을 생각나는 대로 써보세요.

〈옛날 옛날에 농부가 살았습니다〉 이후 스토리를 만들어보세요.

본인의 대답을 유형별 그룹활동 대답과 비교해보자.

S조

빨간색, 🍎 꼭지, 애플힙,

맛있다, 아오리사과, 〉다먹은사과,

씨앗,　　　　갈변됐다,

동그라미, 박스, 4등분, 포크

감각형은 사과 자체에서 크게 벗어나지 않는다. 오감각을 사용한 색깔, 맛, 모양 등을 먼저 생각한다.
또한 농부 이야기에서도 좀처럼 벗어나지 않는다.

N, 사과

1. 줄기가 난다
2. 백설공주
3. 애벌레
4. 아이폰
5. 마법의 (사과)
6. 가려움 (잎에)
7. 번개
8. 로빈훗
9. 깊이 익었다

'옛날 옛날에 한 농부 살았습니다'

직관형은 사과 자체에서 벗어나 다른 개념과 접목한다. 이것이 감각형이 보기엔 엉뚱하고 뜬구름 잡는 것처럼 느껴진다.
이후 스토리 만들기에서는 이야기가 농부에서 벗어나 상상력을 발휘해 다양하고 획기적인 이야기가 새롭게 탄생한다.

감각형과 직관형의 영어 교육

나무는 보고 숲을 못 보는 감각형

감각형 학습자는 구체적인 것을 중요하게 생각한다. 따라서 영어 학습 시에도 단어를 중요하게 생각하여 단어 하나하나에 집중하다가 전체 맥을 놓칠 수 있다. 독해 속도도 직관형에 비해서 느리기 쉽다. 구체적인 사실을 잘 기억하기 때문에 단어를 암기하는 전략을 많이 사용한다.

　세부적인 것을 중요하게 생각하고, 단계적으로 순서대로 학습하고 싶은 감각형은 시험 볼 때도 순서대로 풀고 싶고, 시험에 들이는 시간 이 오래 걸릴 수 있다. 중요하지 않은 단어 하나하나에 신경이 쓰이기 때문이다. 만일 첫 문제에 어려운 문제가 나왔을 경우 그 문제를 넘어 가지 못하고 붙들고 있느라 뒷부분의 쉬운 문제를 다 틀릴 수 있다. 감각형의 학습자는 의도적으로 중요한 문제를 먼저 풀도록 훈련할 필 요가 있다. 시험 준비도 마찬가지로 중요한 부분을 먼저 공부하고 남 는 시간에 두 번째 복습할 때 중요하지 않은 부분까지 확장해서 살펴 보도록 한다.

영어공부, 성격대로 해라

　만일 감각형 학습자에게 《어린 왕자》를 수업 교재로 쓰게 한다면 어떻게 느낄까? 아마도 감각형 학습자는 수업에 흥미를 갖지 못할 것이다. 《어린 왕자》가 왜 베스트셀러인지 이해하지 못할 것이다. 실제로 감각형 학생에게 《어린 왕자》를 읽은 후 느낀점을 물어보니 도대체 앞뒤가 맞지 않아서 이해할 수 없었다고 했다. 여러 별을 이동할 때 무엇을 타고 이동하는지 등 구체적이고 현실적이지 않아서 공감하기 어렵고 흥미가 떨어졌다는 것이다. 이렇듯 감각형과 직관형의 구분은 수업 자료와 많은 관련성이 있다.

　감각형 영어 선생님은 기존의 방식대로 수업하는 것을 선호하고, 갑작스러운 변화를 좋아하지 않는다. 따라서 돌발 언행을 하는 직관형의 학습자가 불편할 수 있다. 감각형의 교사는 사소한 것까지 자세하게 설명하는데 이것이 직관형의 학습자에게 지루함으로 다가올 수 있다. 직관형 학습자에게 어떻게 수업하는 것이 효과적인지 살펴보자.

숲은 보고 나무는 못 보는 직관형

직관형 학습자는 전체적인 흐름과 맥을 중요하게 생각한다. 따라서 독해를 할 때 세세한 단어보다는 전체적인 내용 파악을 더 중요하게 생각한다.

　직관형 학습자는 시험 공부할 때 전체적으로 공부를 하는데, 반복

영어공부, 성격대로 해라

을 싫어하는 성향 때문에 복습하지 않기 쉽다. 복습하길 싫어하는 직관형 학습자의 경우, 정작 시험 시간에는 어디서 보긴 봤는데 기억이 안 나서 문제를 틀리는 경우가 많다. 또한 수업 시간에나 시험 보는 중에 상상하는 습관이 방해요소로 작용한다. 잡생각과 딴생각이 나지 않도록 집중하는 훈련이 필요하다.

직관형 영어 선생님은 변화를 즐기기 때문에 안정적이고 기존의 것을 선호하는 감각형 학습자가 어려워할 수 있다. 또한 전체적인 맥을 설명하지만 구체적으로 설명하는 것이 부족하다 보니 기초 수준의 학습자에게 수업 난이도가 어렵다는 피드백을 받기 쉽다. 따라서 초급 학습자를 가르칠 때 최대한 자세하고 구체적으로 가르치기 위해서 노력해야 한다. 직관형 교사가 과제를 내면 감각형 학습자가 "도대체 무엇을 어떻게 하라는 것입니까?"라고 다시 물어보곤 한다. 직관형 교사는 추상적인 과제를 좋아하기 때문에 감각형 학습자는 막연한 느낌을 받는다. 따라서 과제 예시나 샘플 과제답안을 제시해주면 감각형 학습자에게 도움이 된다.

실제로 직관형 영문학 교수님이 "자신의 영혼에 대해 자유롭게 써 오세요."라고 과제를 냈다. 감각형 학생들의 질문이 쏟아졌다. "글자 크기는 어떻게 해요?" "분량은 몇 장이에요?" … 이에 대한 교수님의 답변은 "마음대로 하세요. 정답은 없어요."였다. 이 대답을 듣고 감각형 학습자들은 그 자리에서 울었다고 한다. '영혼'이라는 추상적인 주제도 감각형 학습자에게는 충격이다. 이때 교수님이 샘플 답안 두세 개를 제시해 주었다면 감각형 학생들이 훨씬 수월하게 과제를 준비할 수 있었을 것이다.

TOEIC Speaking 3번 문제는 사진을 보고 45초 동안 묘사하는 유형이다. 직관형은 사진을 보고 묘사하는 것은 우리말로 해도 45초 동안 하기 어렵다. 직관형은 눈에 보이지 않는 것을 중요시하기 때문에 눈에 보이는 구체적인 사항을 간과하는 경향이 있다. 따라서 직관형 학습자에게는 구체적으로 묘사하는 훈련을 한 후에 사진 묘사 문제를 풀도록 한다.

TOEIC Listening 시험에서 직관형 학습자는 잡생각, 딴생각으로 시험문제를 틀리는 경우가 많다. 그 문제에 집중하기 위해 지문의 단서가 되는 "Who" "What" 등 중요한 어휘에 밑줄을 치고 동그라미 등을 표시함으로써 마음과 생각이 현재에 있게 하고, 듣기 시험 도중 딴생각하지 않도록 훈련하는 연습이 필요하다.

영어공부, 성격대로 해라

TOEIC Speaking 3번 문제 : 45초 동안 사진 묘사하기

45초를 주고 실제 감각형과 직관형에게 아래의 사진을 묘사하도록 했다.

사진출처: http://exam.ybmsisa.com/toeicswt/introduce/sample_speaking02.htm

감각형의 대답 : "바나나 파는 사람 두 사람이 있다. 시장이다. 한 사람은 바나나를 손으로 올리고 있다. 두 개의 저울이 있다. 하나의 저울은 5를 가리키고 있고, 하나의 저울은 0을 가리키고 있다. 시장의 특징은 위에 지붕이 있다."

직관형의 대답 : "시장이다. 물건을 사고파는 사람들로 붐빈다. 날씨가 화창하다. 앞쪽에는 바나나가 있다."

감각형은 구체적인 사물을 자세하게 묘사한다. 저울의 화살표가 어디를 가리키는지까지 자세하게 눈에 들어온다. 반면 직관형은 전반적인 큰 틀에서 사물을 바라본다. 전반적인 분위기를 먼저 떠올리고 자세한 묘사에 약하다. 저울의 눈금을 물어보니 전혀 생각하지도 못했고, 눈에 들어오지 않는다고 했다. 그래서 사진 묘사 문제풀이 전략을 가르칠 때, 직관형들에게는 좌에서 우로, 위에서 아래로, 앞에서 뒤로, 사람의 손동작, 옷색깔, 소지품 등 방향을 설정해 주고 자세하게 묘사하는 방법을 알려준다.

당신에게 가장 효과적인 영어 학습방법은?

감각형 학습자에게 듣는 효과적인 영어 학습법

① 실제 경험과 유사하고 구체적인 내용으로 시작한다.

② 쉬운 것부터 어려운 순서로 단계적으로 학습한다.

③ 철저하고 자세한 설명이 필요하다.

④ 과제에 대해 분명하고 세부적인 가이드라인이 있는 것이 좋다.

⑤ 익숙한 절차가 편하다.

⑥ 구체적인 사실을 잘 기억하므로 단어 등 암기 전략을 사용한다.

⑦ 배운 내용을 실제 생활에서 바로 사용할 수 있을 때 가장 효과적이다.

⑧ 세부적인 것에 집중하다가 전체 맥락을 놓칠 수 있다. 전체의 흐름을 먼저 파악한 상태에서 세부적인 진도를 나갈 수 있도록 지도한다.

⑨ 시험 기간에는 너무 꼼꼼하게 공부하기보다는 중요한 것 위주로 공부하도록 연습한다.

⑩ 영어 독해를 할 때, 직독·직해를 할 수 있도록 연습한다.

예를 들어 공항에서 쓰는 영어를 배울 때 실제 공항인 것처럼 항공권, 승무원, 출입국 신고서 등을 실제처럼 시뮬레이션하고, 역할극을 하는 것이

영어공부, 성격대로 해라

효과적이다.

식품영양학과 학생들을 가르칠 때 실제 외국 요리 프로그램 중 샐러드를 만드는 동영상을 보여주고 직접 샐러드를 만들면서 영어로 설명하도록 했다.

① 전체 흐름(outline)을 먼저 알려준다.

② 단순 반복을 싫어하기 때문에 단어를 무조건 암기하는 등의 고등학교의 주입식 교육은 비효과적이다.

③ 왜 이렇게 되는지 이해하는 형태의 수업을 선호한다.

④ 단어 암기 시 그림 그리기를 활용한다.

⑤ 기존에 알고 있던 지식과 새로운 지식을 연결하는 방법이 효과적이다.(mind-mapping)

⑥ 창의적인 이야기 만들기, 영상을 보여주고 느낀점이나 연상되는 것을 말하기 등 직관이 이끄는 대로 흘러갈 수 있는 수업자료가 가장 좋다.

⑦ 내면의 심리나 미래의 가능성 등 의미 있고, 통찰을 줄 수 있는 수업을 원한다.

⑧ 획기적으로 시작해서 상상력을 자극하는 수업이 최고의 방법이다.

⑨ 사소한 것을 간과하지 않기 위해 오답 노트 정리를 하면서 공부한다.

⑩ 직관을 활용하는 영어 듣기 시험의 경우 처음 직관으로 선택한 것을 믿어라. 너무 많이 생각하면 다른 사람은 다 맞고, 혼자서 틀릴 수 있다.

03 감각형과 직관형은 뇌구조의 차이

뇌의 측면화 현상

좌반구와 우반구의 기능 분화 현상을 의미한다. 사춘기를 전후하여 뇌의 측면화 현상이 완성된다.

- 좌반구 : 논리, 분석, 객관적 판단, 순차적 정보처리
- 우반구 : 감정, 통합, 주관적 판단, 동시적 정보처리

- 아동기의 뇌손상 : 좌반구의 손상이 있어도 언어 능력에 지장이 없다. 뇌의 유연성plasticity이 있어서 기능 전이가 가능하다.
- 성인기의 뇌손상 : 사춘기 이후 언어 기능을 담당하는 부위가 손상되면 언어기능에 심각한 장애가 생긴다.

로저 스페리

1981년 노벨 생리·의학상을 수여한 미국
의 신경생물학자 스페리Roger Sperry, 1913-1994
는 좌뇌와 우뇌의 기능 및 뇌량을 연구
하였다.

그는 간질 환자의 축색돌기다발을 절
제하는 수술을 했다. 수술 후 환자에게
오른쪽 눈으로만 사과 사진을 보게 하고
무엇을 보았냐고 묻자 "사과를 보았다"라고 대답했다. 다음은 왼쪽 눈
으로만 사과 사진을 보게 하고 무엇을 보았냐고 묻자 "잘 모르겠다"라
고 대답했지만 사과 그림을 선택했다.

이 실험을 계기로 왼쪽 눈과 연결된 우뇌는 그림을 인식한다는 것
을 알아냈고, 오른쪽 눈과 연결된 좌뇌는 언어와 관련되어 있음을 최
초로 알아냈다.

동일한 과제라도 사람마다 뇌의 처리 부위는 다르다

같은 음악을 듣더라도 초보자들은 우뇌를, 음악전공자는 좌뇌를 이용
한다. 논리적인 언어를 구사할 때는 좌뇌가 활성화되지만 동화구연을
할 때는 우뇌가 활성화된다.

영어공부, 성격대로 해라

외국인과 대화를 하는 상황에서 뇌는?

실제로 우리가 언어를 할 때는 즉
흥적인 우뇌와 미리 학습된 좌뇌
의 문법을 모두 사용하여 양 뇌
가 활발히 교류할 때 최적의 효
과를 본다. 외국인과 만나서 즉
흥적인 대화를 하는 것은 우뇌
의 창의성과 좌뇌의 문법 지식이
결합되어야 가능하기 때문이다.

감각형은 익숙한 것을 처리하는 좌뇌, 직관형은 새로운 것을 처리하는 우뇌

감각형 화가인 얀 반 에이크Jan Van Eyck는 구체적인 사실을 중요하게 생각하기 때문에 거울에 비친 사람의 모습, 창틀까지 똑같이 사진처럼 그림을 그렸다. 감각형들은 사건을 묘사하거나 경험을 이야기할 때 사진처럼 구체적이고 사실적으로 말한다. 전체적인 느낌과 맥을 중요하게 생각하는 직관형 화가인 빈센트 반 고흐Vincent Van Gogh의 그림과 접근법의 차이를 알 수 있을 것이다.

　피카소의 작품도 직관형의 그림임을 알 수 있다. 직관형들은 사건을 묘사할 때나 경험을 이야기할 때도 느낌과 전체적인 맥과 흐름의

감각형 작품 – 사실주의, 정물화

아르놀피니의 결혼
(The Arnolfini Marriage)
얀 반 에이크 작품

직관형 작품 – 인상주의, 추상화

별이 빛나는 밤
(The Starry Night)
빈센트 반 고흐 작품

게르니카
(Guernica)
파블로 피카소 작품

영어공부, 성격대로 해라

입장에서 말한다.

영어 독해 자료를 볼 때도 작가의 유형을 알면 내용 파악이나 글의 접근 방식이 훨씬 수월하다. 예를 들어 헤밍웨이는 대표적인 감각형 작가이다. 헤밍웨이는 제1차 세계대전 당시 운전병으로 참전하여 그 경험을 바탕으로 《무기여 잘 있거라》라는 작품을 발표했고, 여행과 낚시 등 다양한 취미 생활이 작품의 근간이 되었다. 《노인과 바다》 등 그의 작품들을 보면 구체적인 묘사와 사실적인 전개가 돋보인다.

대표적인 직관형 작가의 작품으로는 프랑스의 생텍쥐페리의 《어린 왕자》를 들 수 있다. 이야기의 시작이 지구가 아닌 다른 작은 행성에서부터 시작된다. 모자를 보고 보아뱀이 코끼리를 삼킨 것이라고 말한다. "중요한 것은 눈에 보이지 않아"라는 대사에 직관형들이 열광한다. 직관형들은 눈에 보이지 않는 상상력, 가능성, 미래의 세계가 중요하기 때문이다.

헤밍웨이의 《노인과 바다》   생텍쥐페리의 《어린왕자》

힐링 노트

감각형 아버지 저는 딸하고 대화하면 화가 납니다. 철이 없는 것인지, 나이도 찼는데 빨리 영어 공부 열심히 해서 취직하고 시집갈 생각은 안 하고 50년 후 아프리카에서 봉사하는 것이 꿈이라고 합니다. 하도 어이가 없어서 앞으로 꿈에 대해 말하지 말고 속으로만 생각하라고 했습니다. 듣고 있는 것만으로도 스트레스가 됩니다.

직관형 딸 저는 아버지랑 대화하면 눈물이 나요. 제 꿈을 위해 불문학과에 들어가고 싶은데 아빠는 왜 쓸데없는 공부를 하려고 하냐면서 저를 구박하기만 해요. 결혼이나 취업이 중요한가요?

아버지처럼 감각형은 눈에 보이는 현실과 과거의 경험이 중요합니다. 직관은 무의식에 자리 잡고 있기 때문에 열등하고, 미래가 불안합니다. 그래서 현재를 열심히 살려 하고, 준비하게 됩니다. 감각형 아버지에게 최고의 준비는 결혼이나 취업일 것입니다. 현재의 안전 유지가 가장 중요하니까요.

그러나 따님은 아버님과 반대 유형인 직관형입니다. 직관형은 미래의 꿈이 삶의 이유입니다. 꿈이 없으면 죽은 영혼과 같습니다. 현재의 제약은 눈에 보이지 않습니다. 직관형에게 미래는 밝기 때문에 미래를 꿈꾸고, 미래를 위해 공부하고 싶고, 투자하고 싶어 합니다. 그러나 감각형인 부모가 자녀의 꿈을 인정하지 못하고, 꿈이 현실성이 없다는 이유로 부모의 기준에서 행복한 삶을 살라고 한다면, 직관형 자녀는 가장 불행한 삶을 살게 됩니다.

서로의 차이를 이해하고 존중한다면 아버지는 현실적인 준비가 부족한 자녀에게 실질적인 도움을 줄 수 있고, 자녀는 먼 미래의 비전을 보는 것이 부족한 아버지에게 한 단계씩 꿈에 가까이 가는 모습을 보여줌으로써 신뢰를 얻을 수 있을 것입니다. 성숙하지 못한 관계는 서로 다르니 틀렸다고 비난하게 되고, 성숙한 관계는 서로의 단점을 서로의 장점으로 갖고 있기에 더 크게 도울 수 있는 방향으로 발전하게 됩니다.

- 감각형이 선호하는 시 : 오감각을 활용한 구체적인 정보가 중요하다.

> 오토바이는 출발할 때 붕~ 하고 운다.
> 택시는 출발할 때 빵~ 하고 운다.
> 아기는 태어날 때 앙~ 하고 운다.
> 무엇이든 처음에는 어려운 것이다.
>
> – 초등학생이 지은 동시

- 직관형이 선호하는 시 : 직관눈에 보이지 않는 세계·꿈·미래·비전·가능성 등이 중요하다.

> 너의 우울이 길다.
> 후회가, 체념이,
> 무기력이 너무 길다.
>
> 보아라.
> 큰 바람이 불었고
> 세계는 그대로가 아니냐
>
> 네 안에서 부는 바람에
> 너는 너무 오래 흔들린다.
>
> – 황경민

감각형 학생에게 직관형이 선호하는 위의 시를 읽도록 시켰다. '너의 우울이 길다'를 '너의 우물이 깊다'로 잘못 읽었다. 그 정도로 감각형은 눈에 보이는 구체적인 정보가 중요하다.

영어공부, 성격대로 해라

III
사고형과 감정형,
동기부여 방식과 선호 교사가 다르다

생각해보기

수업 시간에 선생님의 설명을 듣고 있으면, 왜 그런지 여쭤보고 싶어요. 저의 모든 궁금증을 해결해 주시는 선생님이 좋아요.

수업 시간에 선생님께서 저를 보는 눈빛에 민감해요. 저를 보고 미소를 지어주시면 선생님께 잘 보이기 위해서 열심히 집중하게 되요. 따뜻하고 다정하신 선생님이 좋아요.

진희와 정현이는 좋아하는 선생님 유형이 다릅니다. 왜 그럴까요?

다음의 ①번과 ②번 그림 중 본인의 성격과 가까운 것을 선택하세요.

① 드라마를 볼 때 전자동으로 왜 그런지 판단하고 비판하게 된다.
　"저 부분에서 저러면 안되지."

② 드라마를 볼 때 감정 동화가 되어서 울거나 웃게 된다.
　"너무 감동적이야! 아이~ 좋아."

영어공부, 성격대로 해라

논리적이라서 칭찬에 인색하고 지적할 수 있다. 자녀가 100점을 받아왔을 때 사고형 부모는 칭찬하기보다는 "너희 반에 100점 맞은 아이가 몇 명이니?"라며 분석하고 판단하기 쉽다.

칭찬받는 것이 동기부여가 되고, 타인의 장점을 먼저 보고 칭찬도 잘한다.

공정한 기준으로 평가하는 것을 중요하게 생각한다.

학생들과의 관계, 반 전체의 조화와 분위기를 중요하게 여긴다.

기초 실력이 있다면 영문법이나 발음의 원리처럼 분석하는 과목을 좋아한다.

영문학처럼 소설 속 인물의 생애와 사랑에 대해 대화를 나눌 수 있는 과목을 좋아한다.

논리적이고 분석적으로 사고하는 과정을 중요시한다.
옳은 것이 좋은 것이라고 생각한다.

좋다 또는 나쁘다 등 주관적인 가치를 중요하게 생각한다.
좋은 것이 옳은 것이라고 생각한다.

영어공부, 성격대로 해라

시험 전날 애인과 헤어졌을 경우, 공사 구분이 명확한 편이기 때문에 눈물 흘리면서도 시험공부를 할 수 있다.

시험 전날 애인과 헤어졌을 경우, 공사 구분이 안 되기 때문에 감정이 상하면 공부가 되지 않는다.

거울을 보고 자신의 눈을 한 번 바라보자. 사고형과 감정형은 눈빛으로도 구분할 수 있다.

사고형 인물

마가렛 대처(영국 전 수상)

핸리 포드(자동차 포드 회사 창업자)

1 사고형의 눈빛은 항상 논리적으로 분석하고 판단하기에 날카롭게 지적하는 데 능하고 진지하다. 웃고 있어도 자연스럽게 환한 미소가 어색한 경우가 많다.

감정형 인물

월트 디즈니(만화영화 제작자)

넬슨 만델라
(남아프리카 공화국 전 대통령)

2 감정형의 눈빛은 늘 상대를 향해 미소를 짓고 있는 것이 인상이 되었기 때문에 미소가 자연스러운 경우가 많다.

당신은 ①번과 ②번 중에서 어느 쪽에 더 가까운가?

①번이라면 당신은 사고형(T)일 가능성이 높다.

②번이라면 당신은 감정형(F)일 가능성이 높다.

당신이 사고형과 감정형 중 어느 쪽에 더 가까운지 결정해서 93쪽의 〈나의 성격유형〉 세번째 칸에 사고형이라면 T라고 적고, 감정형이라면 F라고 적어보자.

나는 _____입니다.

사고형과 감정형 질문에 대답을 해봄으로써 한 번 더 내 성격유형을 확인하자. 다음 질문에 대한 대답을 아래에 써보자.

등록금과 생활비를 대주시던 아버지가 교통사고를 당했다는 전화를 받았다면 어떻게 하겠습니까?

본인의 대답을 유형별 그룹활동 대답과 비교해보자.

영어공부, 성격대로 해라

T

1. 일단 병원에 간다.

2. 아버지의 상태를 확인하고 사고 경위를
   조사한다.

   심각할 때

   : 돈이 얼마나 들지, 입원 기간은 얼마나 될 지
     예상하고 학교를 휴학하고 돈을 번다.

   경미할 때

   : 아버지가 입원해 있는 동안 가족들의 역할 분담에
     대해 의논한다.

F 조

1. 울면서 아버지께 달려간다. (아버지의 상태확인이 먼저!!)

2. 나 때문이라는 죄책감이 든다.

3. 최선을 다해 간병한다. (시간이 될때 항상)

4. 알바를 하여 아버지의 병원비를 번다.

5. 누구한테든 전화로 상황을 말한다.

6. 아버지 상태와 경과에 대해 의사, 간호사에게
   수시로 체크한다.

7. 사고가 어떻게 났는지 물어본다.

사고형과 감정형의 영어 교육

객관적인 사고형

사고형 학습자는 논리적으로 구성된 주제와 자료로 수업하는 것이 가장 효과적이다. 수업 활동에 논리적으로 반응하는 것을 중요하게 생각한다. 사건들 사이의 인과 관계를 찾으려 하기 때문에 복잡한 상황들을 논리적으로 정리하는 것이 중요하다. 논리적 체계로 조직화된 영어 수업이 사고형의 학습에 도움이 된다. 변덕스럽고, 비논리적이며 감정 문제를 다루는 수업을 어려워할 수 있다. 분석할 만한 흥미로운 문제가 있을 때 동기부여가 된다. 분석하고, 비평하며, 고쳐야 할 결점을 찾아내는 활동을 선호한다. 예를 들면 영어 듣기를 하면서 잘못된 발음을 찾거나 미국 발음과 영국 발음의 차이와 원리를 알아내고, 문장에서 문법적으로 틀린 부분을 찾아서 그 이유를 분석하고 고치는 등 논리적인 근거를 들어 설명하는 수업이다.

사고형은 자신의 논리적 생각이 삶에 많은 영향을 미치기 때문에 고집이 센 것처럼 보일 수 있다. 내향 사고형 자녀는 감정형 부모가 눈물로 호소할 때 어떻게 반응해야 할지 몰라서 당황해 하는 경우가 많다. 특히 내향 사고형의 아이일 경우 어릴 때부터 가능하다면 "고맙다, 미안하다"는 말을 일상 생활에서 표현할 수 있도록 연습시키는 것이 필요하다.

　사고형 영어 선생님의 경우 공정한 평가를 위해 시간과 노력을 투자하는 편이다. 사고형 학습자도 평가가 공정했는지에 관심이 많기 때문에 대학생의 경우 성적 이의 신청을 하는 경우가 많고, 자신이 왜 그런 성적을 받았는지 구체적으로 알길 원하고, 평가 기준도 뚜렷하게 알고 싶어 한다. 그래서 사고형 학습자가 많은 반을 수업할 때는 평가기준을 미리 알려주고, 그것에 근거하여 공정하게 평가한다는 것을 인식시키며, 인정에 의해 봐주거나 예외 사항을 두는 것을 최소화해야 한다.

따뜻한 칭찬이 필요한 감정형

감정형 학습자는 깊은 배려를 필요로 하는 주제가 학습 동기를 자극한다. 문학 작품에서 인물에 대해 역사적 사실을 이해하고 분석하기보다는 인물에 대해 알고 그 인간성을 본받고 싶어 한다. 학습자 자신에 대해 칭찬 받을 때 매우 강력한 강화물이 된다. 따뜻하고 우호적인 교실 환경을 선호하고, 정서적인 면에 초점을 두고 개인적인 관계를 다루는 활동이 효과적이다. 교사가 감정형 학습자에게 개인적으로 칭찬의 쪽지를 건네주거나 잘한다는 표시로 작은 선물을 주며 격려한다면 학습자는 선생님을 좋아하게 되고, 잘 보이기 위해 더 열심히 수업에 임할 것이다. 학습 목표가 인간적인 목적이나 인간관계에 가치를 두는 수업일 때 동기부여가 되어 열심히 공부하게 된다.

감정형 영어 선생님의 경우 자신의 의견에 동의하지 않고, 이의를 제기하고 이유를 묻는 사고형 학습자에 대해 "이 학생이 나를 싫어하는 건가?"라는 오해를 할 수 있다. 반면에 자신이 강의할 때 경청해주고, 미소를 보내고, 고개를 끄덕여 주는 감정형 학습자를 대할 때 편안함을 느낀다.

영어공부, 성격대로 해라

02 당신에게 가장 효과적인 영어 학습방법은?

 사고형 학습자에게 듣는 효과적인 영어 학습법

① 영어 공부를 해야 하는 이유를 찾았을 때 공부하고 싶은 마음이 생긴다.

② 동기부여를 위해 객관적 자료가 필요하다.

③ 잘못을 외부 요인으로 돌리기 때문에 화가 나는데, 이 화를 조절하는 명상, 마음 챙김 훈련이 학습에 도움이 되었다.

④ 질문하면서 공부하는 소크라테스식 문답법이 효과적이다.(외향 사고형)

⑤ 공정한 교사와 합리적인 과제를 원하기 때문에 평가 기준을 명확히 알려주고, 왜 이 과제를 해야 하는지 이유를 설명해 주었을 때 열심히 하게 된다.

⑥ 정확한 답이 있는 것을 선호하기 때문에 영어 발음의 음운 규칙이나 논리적인 문법 설명을 명쾌하게 해주면 좋다.

⑦ 영어 독해 지문에서 심상 파악 문제에 약할 수 있기 때문에 고등학교 영어 시험을 위해서는 소설을 읽도록 노력한다.

① 기분에 따라서 학습에 기복이 있기 때문에 부정적 감정을 빼낸 후에 공부가 더 잘되었다.

② 인간관계를 중시하기 때문에 친구가 학습의 성공 요인이 될 수도 있고, 방해 요인이 될 수도 있다.

예를 들어 시험 기간에 친구에게 문자가 오면 일일이 응대해 주다가 공부시간을 뺏긴다. 학원이나 교재를 선택할 때 자신에게 맞는 것을 스스로 선택하기보다는 친한 친구와 함께 하고 싶은 마음에 무작정 따라할 수 있다.

③ 피그말리온 효과, 즉 자기 격려 수단이 도움이 된다.

예를 들어 공부하다가 지칠 때 자신에게 "지금까지 노력하느라 고생했어" "잘하고 있어. 힘내" 등의 문구를 적어서 책상 앞에 붙여놓고 자주 보면 위로가 되고 도움이 된다. 부모나 교사가 위와 같은 문구를 정성스럽게 쓰고 옆에 하트 스티커를 붙여주면 더욱 힘이 날 것이다.

④ 영어 선생님을 좋아하면 영어 성적이 오른다.

⑤ 감정을 넣은 영어 일기를 쓴다.(선생님께서 긍정적 칭찬을 지속적으로 해주기)

⑥ 영화 속 인물의 감정을 넣어서 거울을 보며 연기하면서 따라한다.

힐링 노트

감정형과 사고형 학생들에게 각자 좋아하는 영어 선생님과 싫어하는 영어 선생님을 물어보았습니다. 아이들의 답변을 보면서 아이들의 유형에 따라 어떤 선생님의 역할이 필요한지 잠시 생각해 봅시다.

감정형 학습자

좋아하는 선생님

마음을 움직여 주는 선생님, 따뜻하게 지도해 주는 선생님, 공감해 주는 선생님, 친구 같은 선생님

싫어하는 선생님

실수를 바로 지적해서 당황하게 하는 선생님, 혼내는 선생님

사고형 학습자

좋아하는 선생님

해외 펜팔 같은 정보를 제공해 주는 선생님, 성실히 수업하는 선생님, 약속을 지키는 선생님, 모든 궁금증을 해소해 주는 선생님, 실력 있는 선생님

싫어하는 선생님

수업과 관련 없는 얘기하는 선생님, 편애하는 선생님

153

혼내거나 편애하는 선생님은 누구나 싫어할 것이다. 그러나 사고형 학습자는 무섭고 혼내더라도 교사가 실력이 있고 배울 점이 많다면 혼나는 것에 대해 크게 감정동화되지 않고, 오히려 잘못된 것을 지적해줘서 고칠 수 있는 것을 의미 있게 생각한다. 감정형 학습자는 칭찬을 좋아하는 반면, 지적이나 혼나는 상황에서 충격이 크고, 그 이후에는 수업이 귀에 들어오지 않고 혼나고 지적받은 것에 감정이 상해버리는 경우가 많다. 김정형 학습자는 교사가 자신을 특별히 생각해주고 사랑해주길 바란다.

여러분은 어떠신가요? 여러분의 의견을 적어봅시다.

• 내가 좋아하는 선생님은?

_____

_____

• 내가 싫어하는 선생님은?

_____

_____

• 내가 만일 영어 교사라면 어떤 선생님이 되고 싶은가?

_____

_____

영어공부, 성격대로 해라

사고형 학원원장 겸 강사 선생님. 저는 초등학생들에게 영어를 가르칩니다. 열심히 준비해서 가르치려고 노력하고 수업을 위해 최선을 다한다고 자부하는데 아이들이 부쩍 줄었어요. 저희 학원에 오셔서 이유를 진단해주세요.

3시부터 5시까지 선생님 수업을 관찰한 결과, 선생님 은 사고형이고 아이들은 감정형이에요. 초등학생의 약 70%는 감정형입니다. 방법은 두 가지에요. 고등학생의 입시영어를 가르치거나 계속 초등학생에게 영어를 가르쳐야 한다면 매일 학생들에게서 칭찬거리를 하나씩 찾아 칭찬해주세요.

 감정형 아버지 선생님. 제 아들이 너무 무례하고 버릇이 없는 것 같아서 걱정입니다. 아버지 말에 꼬박꼬박 말대꾸하고 따져서 감정이 격해져 때린 적이 한두 번이 아니에요.

사고형 아들 선생님. 저는 궁금하고 이유를 알고 싶어서 물어본건데 아빠가 다짜고짜 때려서 화가 나요.

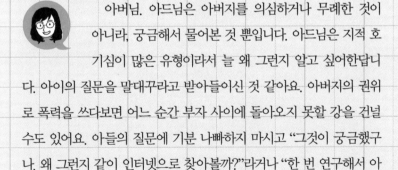

아버님. 아드님은 아버지를 의심하거나 무례한 것이 아니라, 궁금해서 물어본 것 뿐입니다. 아드님은 지적 호기심이 많은 유형이라서 늘 왜 그런지 알고 싶어한답니다. 아이의 질문을 말대꾸라고 받아들이신 것 같아요. 아버지의 권위로 폭력을 쓰다보면 어느 순간 부자 사이에 돌아오지 못할 강을 건널 수도 있어요. 아들의 질문에 기분 나빠하지 마시고 "그것이 궁금했구나. 왜 그런지 같이 인터넷으로 찾아볼까?"라거나 "한 번 연구해서 아빠에게 알려줄래?"라고 대답해주세요. 관계가 훨씬 좋아질 거에요.

155

판단형과 인식형,
성격대로 자기주도

생각해보기

"저는 항상 공부할 때 오늘은 어디까지 얼마만큼 공부할지 계획을
세워놓고 공부해요. 계획대로 공부가 진행될 때 마음이 편안해요."

"저는 계획하는 것을 싫어해요. 계획을 해도 그대로 실천이 되지
않기 때문에 제가 공부하고 싶은 바로 그 순간에 공부하는 것이 가
장 효율적인 것 같아요."

순영이는 공부할 때 구체적인 계획이 필요하고, 세훈이는 계획
없이 지내다가 마음에서 공부하고 싶다는 욕구가 생길 때 공부
해야 편하다고 합니다. 둘은 왜 이렇게 다른 걸까요?
다음의 ①번과 ②번 그림 중 본인의 성격과 가까운 것을 선택
하세요.

판단형은 먼저 판단을 한다. 따라서 책은 책꽂이에 있어야 한다고 판단한 후 책을 책꽂이에 정리한다. 공부는 책상에서 공부한다고 판단하고 이를 실천한다.

인식형은 정보를 받아들이기 위해 판단을 미루고 마지막 순간에 상황을 봐서 순발력을 발휘하여 판단한다. 따라서 책은 아무 곳에나 있을 수 있고, 공부도 아무 곳에서나 할 수 있다.

실제 판단형의 책상 사진이다. 공부를 위해 먼저 정리 정돈이 되어 있어야
한다.
"모든 물건은 각자 자리가 있으니 제자리에 놓자"

실제 인식형의 책상 사진이다. 책상 여기저기에 책이 쌓여 있는 상태에서 공
부한다.
"눈에 보이고 바로 집기 편한 곳에 놓자"

계획을 세워놓고, 목표가 있을 때 효율적으로 공부한다.

공부하다가 스마트폰 봤다가 음료수 먹었다가 자연스럽게 마음이 이끄는대로 움직인다.

목표를 정하고 공부한다. 틀에 맞춘 삶을 산다.

내일이 시험인데도 낮에 게임이나 TV 보다가 밤새서 벼락치기를 한다. 밤새서 공부할 때 두뇌회전이 더 잘되고, 공부도 잘된다.

영어공부, 성격대로 해라

수업 전에 미리 와야 마음이 편하다.

수업에 늦거나 과제나 준비물 준비를 잊어버리기 쉽다. 그러나 의식적으로 중요한 모임에는 늦지 않기 위해서 미리 올 수도 있다.

당신은 ①번과 ②번 중에서 어느 쪽에 더 가까운가?
①번이라면 당신은 판단형(J)일 가능성이 높다.
②번이라면 당신은 인식형(P)일 가능성이 높다.

당신이 판단형과 인식형 중 어느 쪽에 더 가까운지 결정해서 93
쪽의 〈나의 성격유형〉 네번째 칸에 판단형이라면 J라고 적고, 인
식형이라면 P라고 적어보자.

나는 _____입니다.

판단형과 인식형 질문에 대답을 해봄으로써 한 번 더 내 성격유형을 확인하자. 다음 질문에 대한 대답을 아래에 써보자.

1박 2일 MT(여행) 계획을 세워보세요.

본인의 대답을 유형별 그룹활동 대답과 비교해보자.

J 판단형 [1일째]

07:00 김포공항 도착!
　　　비행기 티켓 들고 셀카 찍기 📷
08:30 제주도 도착!
　　　예약한 버스로 이동하여 짐정리
09:00 자전거로 해안도로 달리기 🚴
10:00 유채 꽃밭에서 사진찍기!
11:00 흑돼지고기 흡입
12:00 성 박물관에서 고정한 성에대해 깊이 고찰
14:00 성산일출봉 관광 & 간식냠냠
17:00 숙소로 돌아와서 씻고 잠시 휴식 & 재단장
18:00 근처 해변운장 야간샷 → 과자 & 앨범❤
　　　우연한 ❤ 만남
　　　～～ 자유

인식 (P)

1. 계획을 잘 못세우겠다!
2. 여행장소를 정한다 → 와~바다!
3. 다음주 에 가자!
4. 그날 가서 하자~ 어떻게든 되겠지!
5. 숙소를 정한다!
6. 계획을 잘 세우는 친구를 따라간다!

판단형과 인식형의 영어 교육

판단형의 학습 곡선

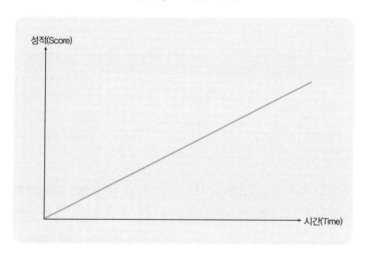

판단형은 스스로 실천 가능한 목표를 세우고 이를 실행함으로써 꾸준한 성적 향상을 보여준다. 따라서 판단형은 자기주도 학습을 스스로 할 수 있는 역량이 있다.

인식형의 학습 곡선

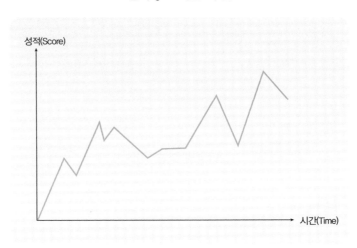

칸트는 대표적인 판단형의 사람이다. 칸트가 산책하는 것을 보면 동네 사람들이 시간을 알았다고 한다. 그 정도로 규칙적인 삶을 살았던 것이다. 늘 정해진 시간에 산책하는 칸트처럼 정해진 틀에 맞춰진 삶을 살 때 가장 편안함을 느낀다.

반면 인식형 학습자는 초등학교 시절에는 벼락치기의 대가였지만 고등학교에 입학 후 방대한 학습량 때문에 벼락치기가 통하지 않게 되자 성적이 하락하는 경우가 많다. 마감일이 임박해야 공부를 시작할 마음이 생기고 이때 집중력을 발휘하여 높은 효율을 내지만, 이내 학습 의욕이 급격히 떨어진다. 인식형 학습자는 공부하고 싶을 때 공부

영어공부, 성격대로 해라

할 수 있는 환경을 만들어주는 것이 중요하다. 따라서 학습의 방해 요소를 제거해 주는 작업이 필요하다. 예를 들어 스마트폰을 꺼놓는다거나, TV 전원을 꺼놓기 등이 있다. 언제 다시 공부할 마음이 생길지 인식형 학습자 스스로도 모르기 때문에 공부하고 싶은 마음이 들 때 반드시 공부를 해줘야 한다. 그때를 놓치면 실력의 급상승 기회를 놓치기 때문에 손해가 막중하다.

일단 결정부터 하는 판단형

판단형 학습자라 해도 나이가 어리거나 자기 통제력이 약하다면 계획만 세우고 실천이 안 될 수도 있다. 세부적인 계획을 세우기보다는 실천 가능한지 점검 후 계획 세우기에 익숙해진다면 한국의 교육 상황에서 이상적인 자기주도 학습자가 될 것이다. 판단형 학습자는 지나치게 계획대로 진행되는 것을 고집하다 보니 융통성이 부족해서 오히려 시간 관리에 실패할 수 있다. 따라서 계획할 때 20% 정도의 여유시간을 두는 것이 효과적이다.

사소한 규칙이나 틀에 얽매여서 정작 중요한 내용을 간과할 수 있다. 판단형 학습자가 중요하게 생각하는 가치는 끈기와 인내다. 따라서 이에 대한 보상과 인정이 동기부여에 중요한 역할을 할 것이다. 예를 들어 끈기 있게 매일 꾸준히 영어학습지를 했다면 한 번씩 보상으로 선물이나 칭찬 스티커, 상장 등을 준다.

판단형 학습자에게 자주 나타나는 현상 중 하나는 공부하기 전에

청소와 정리정돈으로 에너지를 과다하게 소비해서 정작 공부하려고 할 때 피곤해서 잠이 온다는 점이다. 판단형 학습자는 평소 정리정돈을 잘 해놓는 것이 이를 해결하기 위한 예방책이라고 생각한다.

판단형 영어 선생님의 경우 과제 등 약속에 치중할 수 있기 때문에 반대 유형인 인식형 학생들을 너그럽게 대하려고 노력할 필요가 있다. 숙제를 낼 경우 인식형 학습자를 배려해서 하루 전에 과제가 있음을 다시 한 번 알려주고, 당일 오전 등교 전에 문자 등으로 확인시켜 주는 것이 인식형 학습자에게 많은 도움이 될 것이다.

일단 정보수집부터 하는 인식형

한국의 교육 상황 중 특히 고등학교 환경에서 인식형 학습자는 좌절감을 느낀다. 간혹 상담을 하다가 인식형 학습자에게 대안 학교를 권하는 이유도 여기에 있다. 벼락치기 공부하는 즉흥적인 습관을 고치지 않으면 고등학교 성적의 하락을 막기 어렵다. 공부에 두서가 없고, 정리가 안 되며, 미루는 습관이 가장 큰 문제점이다방성주(2009). 즉흥적인 순발력이 탁월한 반면에 수행 평가와 같이 미리 준비해야 하는 평가에 불리하다. 인식형 학습자에게 효과적인 교수방법은 학습자 스스로 선택할 수 있는 유동적인 수업이다. 예를 들면 영어 게임을 하거나 과제를 내더라도 ①, ②, ③ 중에 원하는 것을 스스로 선택하도록 선택권을 준다.

인식형 학습자는 진정한 선택을 원하고, 끊임없는 변화를 원한다.

보통의 인식형 학습자가 집중할 수 있는 시간은 평균 20분이다. 따라서 20분마다 수업 활동에 변화를 주면 인식형 학습자가 계속해서 학습에 흥미와 재미를 느끼게 할 수 있다. 예를 들면 20분은 팝송을 불렀다가 20분은 관련 영어 영상을 보다가 20분은 영어 빙고 게임을 하는 등 다양한 활동이 있어야 동기부여가 지속된다.

인식형 영어 선생님은 즉흥적인 수업을 좋아하기 때문에 예상치 못한 방향으로 수업이 흘러갈 가능성이 있다. 인식형 학습자에게는 이런 돌발적이고 즉흥적인 놀이 같은 수업이 흥미롭지만 판단형 학습자는 예측가능하고 계획된 수업을 선호하기 때문에 인식형 교사의 수업방식은 판단형 학습자에게 비효과적일 가능성이 높다.

실제로 인식형인 필자는 전체 학생의 85%가 판단형인 학과의 수업을 했을 때 즉흥적이지 않기 위해서 수업계획을 신중히 세우고 수업계획표대로 수업을 진행했다. 과제나 발표의 경우도 4주 전부터 미리 공지하여 학생들이 마음의 준비를 할 수 있도록 했다. 시험의 문제유형과 기출문제도 미리 알려줘서 대비할 수 있도록 하였다.

성격유형에 대한 고려를 몰랐을 때는 즉흥적으로 게임을 하고 과제를 내고 발표를 시키고 자연스럽게 흘러가는대로 변화와 다양성을 주는 수업을 했는데, 판단형 학생들에겐 그것이 스트레스였던 것이다.

당신에게 가장 효과적인 영어 학습방법은?

판단형 학습자에게 듣는 효과적인 영어 학습법

① 뚜렷한 목표가 있을 때 더 열심히 공부하게 된다.

② 목표를 달성한 결과가 일정하게 나타나는 학습 환경이 효과적이다.

③ 대부분의 판단형 학습자는 자기주도가 필요한 수험 영어 학습에 꾸준함과 인내를 무기로 유리한 입지를 차지한다.

④ 매주 모의 토익을 보고, 매달 토익 시험을 봐서 꾸준히 성적이 오르는 것을 확인한다. 부족한 부분은 다시 계획을 세워서 체계적으로 공부한다.

⑤ 시험 기간에 부모님께서 미리 방을 청소해 주고 정리해 주면 공부가 잘된다.

⑥ 계획대로 되지 않았을 때 스트레스를 받기 때문에 계획을 너무 촘촘히 세우지 말고 여유 있게 세운다. 계획대로 되지 않았을 경우의 대안도 생각둔다.

⑦ 즉흥적인 영어회화를 해야 하는 경우 당황할 수 있기 때문에 상황별 패턴을 익혀서 활용하는 연습을 한다.

영어공부, 성격대로 해라

① 인내와 끈기 부족이 영어 학습 실패의 원인이다.

② 누군가 자신의 학습을 관리해 줄 사람이 필요하다.

③ 자신만의 마감일을 스스로 정해서 지키려고 노력한다. 마감일을 넘겨서 성적에 불이익을 받은 경험이 있다.
   과제물이나 중요한 사항을 잊지 않기 위해 스마트폰의 메모 알람기능을 활용한다.

④ 얇은 책으로 학습을 시작하는 것이 효과적이다.

⑤ 미리미리 하는 습관을 기르기 위해 중학교 고학년부터 노력해야 고등학교의 방대한 학습량을 감당할 수 있다. 습관이 1~2년에 고쳐지지 않기 때문이다.

⑥ 변화가 곧 집중력이기 때문에 이를 활용하여 영어의 학습 환경에 변화를 준다.(예: 영어 팝송으로 공부 → 영어 동화 읽기 → 영어 게임)

⑦ 강압적 수업은 흥미를 저하시키기 때문에 선택권을 준 자유로운 분위기에서 학습하는 것이 좋다. 그러나 너무 방치하면 아무것도 안하기 때문에 어느 정도의 적절한 통제가 필요하다.

⑧ 낙천적이라서 공부를 안 해도 마음을 편하게 갖는다. 공부할 수 있는 분위기를 강제적으로 만들어야 공부를 한다. 예를 들어 내일 발표라면 밤

을 새서라도 발표 준비를 한다. 스터디에서 자료를 준비하기로 약속했다면 임박해서라도 스터디 자료를 만들기 위해 노력한다. 따라서 매주 영어 스터디 모임에 책임감을 갖고 발표에 참여하면 인내나 끈기가 부족한 면을 채우고 공부습관을 들일 수 있을 것이다.

03 판단형과 인식형의 그룹 작업

판단형 영어 교사들의 〈수업 계획 짜기〉 그룹 활동

판단형 영어 교사들은 숙제 검사에 대한 토론에 상당 시간을 소비했다. 번호를 매기면서 줄을 맞추고, 보기 좋게 정리된 그룹 활동 결과지를 제출했다.

인식형 영어 교사들의 〈수업 계획 짜기〉 그룹 활동

인식형 교사들은 자연 발생적인 수업 상황을 연출했다. 청록색으로 밑줄 친 부분을 보면 복습을 Quiz 대회 형식으로 하고 싶어 하며, 피드백도 그날의 학생이 자연스럽게 하도록 한다.

그룹 활동 활동지도 판단형과 비교하면 정리가 덜 된 느낌이다. 흥미로운 학습 분위기와 학생이 주체가 되는 능동적 참여를 중요하게 생각하여 활동지에 적었다. 흥미로운 점은 인식형 영어 교사들은 학생들에게 숙제를 낼 생각을 아예 하지 않았다는 것이다. 인식형 학습자들은 집에서 해오는 과제를 싫어한다. 차라리 수업 시간에 즉흥적으로 모든 것을 끝내는 것을 좋아한다. 인식형 영어 교사들도 이를 잘 알고 있기 때문에 과제 내는 것은 생각지도 못했다고 한다. 자신이 과제를 싫어하기 때문에 웬만하면 과제를 내지 않는다고 답했다.

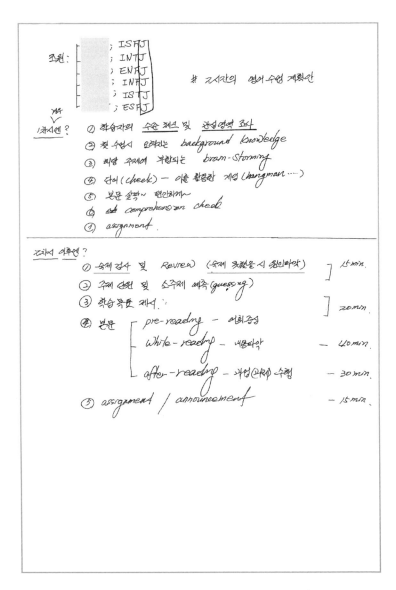

판단형 영어 교사의 〈수업 계획 짜기〉 그룹 활동

영어공부, 성격대로 해라

ENFP

ENFP

ENTP

ESTJ

ESTP

Q. 내가 만일 중학교 영어교사라면, 2시간 영어수업 Lesson Plan을
짜시오.

: 교과서 중심, 교재 위주 문법·독해 위주. 따: 능력. 학생·수준.

: 방대한 영어교재의 이해.

: 시청각 자료 (영화, 책), 자막없이 시청. 기본실력이 밑바탕이 되야.
학생간의 실력차에 따른 조율 유연. 질문이 때때로 선생님. 조원학생.

: 미리 시청각 자료의 유인물 예습. chapter별 학습.
실제 학생들이 재현. 영어로 연습.

: 선생님이 능력: 교재로 수업 흐름의 이해할 수 있도록 설명. (전반적인 교육)
학생이 능력: 시청각 자료 활용. Quiz로 복습. 팀원별로 대항. (의사소통 중심 언어교육)
feedback. 많은시간 여유. 유인물 배포.

＊ 시청각 자료의 적극 활용. 흥미를 자연스레 터득.

• 1시간 ①

　10분 : 자기소개
　30분 : 수업 ─┐─ L. Group
　10분 : feedback　〈 Break time 10분.

• 1시간 ②

　팀명, 팀원, 팀명코 : 10분 ─┐ 수업 영어로 진행
　Quiz 대회 (복습) : 20분 ─┘ 시청각 자료 활용
　점수발표, 마무리 : 20분 　　　 (영화, 미드 재현)
　다음시간 예고. 유인물 : 10분

└→ 30분 수업

① How : 국어로 진행
② why : 흥미로운 학습분위기 조성
③ who : ②는 학생이 주체 능동적 참여　그날의 학생
　　　　 ①은 선생님이 주도. feedback은 ──────

인식형 영어 교사의 〈수업 계획 짜기〉 그룹 활동

판단형 학습자의 〈수업 계획 짜기〉 과제

판단형 학습자는 미리 계획된 예측 가능한 수업을 선호하기 때문에 "미리 공지"하는 것이 중요하다. 지면 관계상 판단형 학습자의 〈수업 계획 짜기〉 과제의 앞부분만 이곳에 옮겨 놓았다. 판단형 학습자의 과제는 뒤에 2장이 더 있다. 그만큼 구체적으로 계획적인 수업 환경을 좋아한다는 것이다.

판단형 학습자의 〈수업 계획 짜기〉 과제

영어공부, 성격대로 해라

인식형 학습자의 〈수업 계획 짜기〉 과제

같은 내용의 과제에 대해서 판단형 학습자는 3장의 과제를 했으나, 인식형 학습자는 보는 바와 같이 반 페이지 정도로 과제를 마쳤다. 그만큼 자율성과 즉흥성을 중요시하기 때문에 구체적이지 않다. 수업 활동은 10분~25분 단위로 바뀌는 것을 확인할 수 있다. 인식형 학습자는 변화가 많은 수업을 좋아하기 때문에 인식형 학습자가 많은 강의라면 교사는 다양한 수업 활동을 준비해야 할 것이다. 인식형 학습자의 과제에서 가장 많이 나오는 부분은 일찍 끝내주기, 긴 휴식 시간, 즉흥적인 활동, 흥미라는 단어들이다.

> ·1교시·
> 15분 : 출석 부르면서 영어로 간단하게 개인별 인사
> 25분 : 교재 내용 학습 (해석, 듣고 말하기, 발음교정, 단어/숙어 해석)
> 10분 : 교재에서 배운 숙어로 간단한 작문 해보기
> 10분 : 휴식!!
>
> ·2교시·
> 10분 : 작문한 숙어 발표 (틀린 부분 수정해주면서 함께 작문)
> 10분 : 외국인 친구와 학생들 전화 통화 (흥미 유발!!)
> 20분 : 자막 없는 미국 드라마 보면서 그룹지어 친구들과 해석해보기
> 10분 : 간단한 게임!

인식형 학습자의 〈수업 계획 짜기〉 과제

힐링 노트

판단형 어머니 제 아들이 내일이 시험인데 오락을 하고 있으니 하도 답답해서 "공부 안하고 뭐해?" 하면서 혼냈어요. 그랬더니 아들(인식형)이 "공부하려고 했는데, 엄마 때문에 기분 나빠서 공부 안해!"하더니 정말 안하는 거예요. 곧 고등학생이 될 텐데 이를 어쩌면 좋을까요?

인식형 학습자는 마감일이 거의 다 되어야 일이나 공부를 시작할 마음이 생깁니다. 인식형 학습자의 장점은 낙천성입니다. 본인의 순발력을 믿기 때문에 미리 준비하지 않는 것입니다. 아드님은 어머니보다 여유롭고 느긋한 장점을 갖고 있습니다.

인식형 학습자는 강요받는 것이나 강압적인 분위기를 싫어합니다. 아마 아무 말씀도 하지 않으시고 아드님에 대한 믿음을 갖고 계셨더라면 아드님은 새벽부터라도 시험 공부를 했을 것입니다. 정말 마음 속으로는 '오락 끝나고 공부해야지'하는 마음이 있었는데, 어머니의 강요하는 한 마디 때문에 공부하고자 하는 동기가 사라지게 된 것이지요. 내일이 시험인데 웃는 얼굴로 오락을 한다는 것은 성격이 좋은 것 아닐까요?

판단형 어머니께서는 걱정되고 노심초사하는 마음이 쌓여서 아들에게 미리 하기를 강요하고 화를 내셨던 것은 아닐까요?

성격이 느긋한 인식형 아이를 판단형 어머니의 성격대로 키우려 하면, 성격도 나빠지고 성적도 떨어지게 됩니다. 16년밖에 살지 않은 아들은 경험이 부족하기 때문에 시행착오를 통해서 배우게 됩니다. 그럼에도 불구하고 경험 많은 어머니는 아들의 결정을 믿어 주셔야 아들이 시행착오 속에서 자신의 장점을 살리고 약점을 보완하게 됩니다. 어머니의 욕심으로 자녀의 발전이 늦어지는 경우를 많이 보았습니다.

어머니께서 아드님을 믿어 주시고, 미루고 벼락치기 하는 공부 습관이 걱정되신다면 전문가에게 맡겨서 체계적으로 습관 형성을 할 수 있도록 도움을 받아보시기 바랍니다. 어머니는 교사가 아닙니다. 따뜻한 믿음과 사랑을 주는 역할 하나만으로도 충분하답니다.

인석형 자녀 판단형인 엄마가 영어 동화책 한 권을 다 읽고 다른 책을 읽으라고 강요해요. 저는 동시에 이 책도 읽고 싶고 저 책도 읽어보고 싶은데, 한 권씩 차례대로 읽지 않는 제가 잘못된 건가요?

아니에요. 잘못되지 않았어요. 인식형은 변화가 곧 집중력이기 때문에 책도 여러 권을 동시에 조금씩 읽으며 바꿔가면서 독서를 하는 특징이 있답니다. 어머니께서 자신의 성격유형대로 자녀를 가르치려고 하신거에요. 자녀의 유형에 대한 이해가 부족한거죠. 판단형들은 한 권을 처음부터 끝까지 다 읽고 난 다음 다른 책을 읽거든요. 서로 다른 것 뿐이지 틀린 것이 아니에요. 각자에게 맞고 편한 방식으로 독서를 하면 됩니다. 단지 상대에 대한 이해 없이 자신의 방법만 맞다고 상대에게 강요하면 문제가 생길 수 있겠지요.

영어공부, 성격대로 해라

MBTI 최종 정리

에너지 유무

외향형 **내향형**

- 외향형(E) : 에너지가 자기 안에 없기 때문에 에너지를 얻기 위해 외부로 향한다.
- 내향형(I) : 에너지가 자기 안에 있기 때문에 에너지를 보존하고 에너지 자가 충전을 위해 혼자 조용한 곳에서 사색하는 것을 좋아한다.

뇌의 인식

감각형 **직관형**

- 감각형(S) : 오감각으로 받아들인 정보를 뇌에서 인식하여 정보처리를 한다.
- 직관형(N) : 눈에 보이지 않는 직관, 미래, 가능성을 정보로 인식하여 뇌에서 정보처리를 한다.

결정과 선택

사고형 **감정형**

- 사고형(T) : 결정과 선택을 할 때 객관적 기준과 원칙으로 공정하게 판단한다.
- 감정형(F) : 결정과 선택을 할 때 다른 사람과의 관계를 고려하고 감정이나 기분을 고려하여 판단한다.

에너지 흐름

판단형 **인식형**

- 판단형(J) : 결정한 목표를 향해 에너지가 곧장 흐른다. 딴 길로 새지 않는다. 계획대로 되지 않으면 스트레스를 받는다.
- 인식형(P) : 목표가 있다 하더라도 과정 자체를 더 중요하게 생각하기 때문에 마음이 이끄는 딴 길로 새도 괜찮다.

이제부터는 자신의 성격상 장점을 잘 살려서 성공한 인물들을 살펴볼 것이다.

　학습 상황에서 최고의 멘토는 자신과 같은 유형의 성공한 사람이다. 자신과 같은 유형의 멘토는 자신의 성격으로 인해 실패한 것을 극복한 사람이기 때문이다. 자신과 같은 유형의 롤모델을 찾아서 그 사람의 자서전을 읽어볼 것을 권유한다.

　같은 유형의 역할 모델은 자신이 가장 잘하는 부분을 상대도 강점으로 갖고 있고, 자신의 취약점을 상대도 똑같이 갖고 있기 때문에 장점을 극대화해서 성공한 경험이 자신의 학습 방향, 전공 선택, 진로 선택에도 좋은 정보가 될 것이다.

　반대 유형의 멘토는 멘티가 왜 힘들어 하는지 이해하지 못할 것이다. 왜냐하면 멘티가 가장 취약한 부분이 멘토는 가장 잘하는 부분이기 때문이다. 회사의 경우 반대 유형을 코치로 붙여준다. 그 이유는 빠르게 변화하는 경쟁 체제에서 잘못된 점을 빨리 파악하여 교정해주어야 하기 때문이다.

※ 오려둔 〈나의 성격유형 알아보기〉 뒷면(94쪽)의 16가지 성격유형 중 본인의 유형을 확인하세요.

PART 2

16가지 성격유형별
롤모델 찾기

ISTJ vs. ENFP

독일의 여성 총리 메르켈과 동화나라 월트 디즈니

 독일 여성 총리 앙겔라 메르켈
예측 가능한 기다림의 정치가

"She is so precise, with an eye for detail."

"그녀는 세부 사항에 대한 안목을 가진 매우 정확한 사람이다."

— Lother de Maiziere

통일 독일의 최연소 첫 여성 총리. 서독 출신 가난한 목사의 딸로 태어나 물리학 박사 학위를 취득하고, 물리화학 연구원으로 지내다가 1994년 환경부 장관을 거쳐 2005년 독일의 총리가 되었다. 불확실한 직감에 의존하지 않고, 다양한 대안들 중에서 위험을 최소화하고 안정을 추구하는 예측 가능한 기다림의 정치로 유명하다.

앙겔라 메르켈
(Angela Merkel, 1954. 7. 17)

한국의 40대 이상 세대에서 가장 많은 유형이 바로 ISTJ다. 그러나 안타깝게도 20세 이하 세대에서 가장 적은 유형 또한 ISTJ다.

디즈니사 창시자 월트 디즈니

상상력으로 에니메이션을 대중화시킨 사업가

"I do not make films primarily for children, I make them for the child in all of us, whether we be six or sixty."

"나는 처음부터 아이들을 위한 영화를 만들지 않는다. 나는 여섯 살이건 예순 살이건 간에 우리 모두에게 있는 그 아이를 위한 영화를 만든다."

– 월트 디즈니

월트 디즈니사 창업자이며, '세계의 영광의 얼굴'로 950회 소개되었다. 아카데미상을 48회 수상하기도 했다. 배운 것을 기억하기 위해 그림으로 공부하던 학습장애 아동이었으나 그의 상상력으로 세계적인 성공을 이룬 기업가이다.

월트 디즈니
(Walt Disney, 1901–1966)

ENFP는 한국의 초등학생에게 가장 많은 유형 중 하나다. 우뇌를 사용하는 유형으로, 문자만 가득한 종이를 외우는 주입식 암기법은 ENFP에게 최악의 교수법이자 학습법이다. 그림이나 연상작용 등을 활용하고 상상력을 발휘할 수 있는 창의적 수업이 가장 효과적이다.

만일 디즈니에게 물리화학을 전공하게 하고 ISTJ인 메르켈에게 에니메이션 영화를 만들게 하였다면 어땠을까요?

ISTJ - 세상의 소금형

이 세상에 없으면 안 되는 소금과 같은 존재다. 보이지 않는 곳에서 작은 것까지 열심히 한다. 학습 상황에서 중요하지 않은 것까지 모두 공부하려 하기 때문에 시험과 같은 상황에서 열심히 노력한 만큼의 결과가 나오지 않는 경우가 있다. 효율적인 공부 방법 전략을 익히면 성적 향상에 도움이 된다.

자신을 잘 나타내는 표현(김정택·심혜숙, 2007)

유비무환, 외유내강, 과유불급, 콩 심은 데 콩 나고 팥 심은 데 팥 난다, 침착, 꼼꼼, FM, 바른생활

장점 살리기

- 영어를 배우고 익숙해지기까지 세부적인 것까지 모두 알고자 하기 때문에 기간이 오래 걸리지만, 일단 습득하고 나면 누구보다도 뛰어나게 한다. 이유는 기초가 튼튼하기 때문이다.
- 끈기 있고, 시간 일정이나 약속을 잘 지키며 시작한 일은 마무리를 잘한다.
- 의사결정을 내리기 위해 과거의 경험과 상황의 사실적인 측면들을 잘 활용한다. 작은 성공경험을 제공해주는 것이 중요하다.
- 영어 학습 시 암기 전략과 노트 필기를 잘 활용한다.

02 ENFP - 스파크형

순간적으로 불꽃이 튀는 스파크 유형이다. 그러나 그 불꽃이 지속되지 않는다. 늘 가능성에 많은 가치를 두기 때문에 기존의 것을 마무리하지 않은 상태에서 새로운 일을 시작할 가능성이 높다.

자신을 잘 나타내는 표현(김정택·심혜숙, 2007)

칭찬은 고래도 춤추게 한다, 친구 따라 강남 간다, 편하다, 특이하다, 4차원, 센스쟁이, 엉뚱하다, 순발력과 눈치, 배려심이 많다

장점 살리기

- 사람들의 성장과 가능성에 대한 아이디어를 잘 찾는다.
- 자기 자신과 타인의 자아 성장에 늘 깊은 관심을 갖는다. 심리나 자아 성장 관련 내용의 영어 자료로 공부한다.
- 꾸준하게 새로운 가능성을 추구한다.
- 거의 불가능해 보이는 것을 성취하는 데 있어 혁신적 수완이 좋으며 창의적이다.
- 다른 사람을 격려하고, 고마운 마음을 표현한다.
- 진정한soul mate 외국인 친구를 사귀면서 영어를 학습하는 것이 효과적이다. 외국인과 채팅을 하는 것도 좋다.
- 외국에 직접 가서 문화를 체험하고 외국인 친구를 사귄다.

ENFP 학생 저는 꾸준한 인내가 참 부족해요. 토익 온라인 강좌를 수강했는데 하나도 안 듣고 수업료만 낭비했어요. 어쩌면 좋을까요?

ENFP가 만일 온라인 수업을 들어야 한다면 친구랑 같이 듣거나 노트북을 가지고 커피숍에 가서 들으세요. TOEIC을 공부해야 한다면 토익 스터디에 가입해서 의무감을 가지고 사람들과 서로 도와가며 스터디를 하는 것이 가장 효과적이에요. 혼자서는 힘들어요. 주변 사람들과 함께 하다보면 나중엔 혼자서도 할 수 있을 거에요.

ISTJ 어머니 영자 신문을 주고 매일 기사 하나를 스크랩하도록 시키고 열심히 하라고 했는데 아이가 노력하지도, 성실하지도 않아서 혼내고 싶은 마음이 들어요.

어머니는 선생님이 아니랍니다. ENFP 자녀분과 반대 성격이라서 자녀를 이해할 수 없는 것입니다. 어머니와 너무나 다른 아이니까요. 아이가 흥미를 가지고 놀이처럼 할 수 있도록 믿어주시고, 어느날 스크랩을 했을 때는 많이 칭찬해 주세요. 그러면 그 칭찬이 동기가 되어 조금씩 스크랩하는 횟수가 늘 거에요. 어머니께서 자꾸 '열심히'를 강조하시면 아이는 숙제처럼 느끼고 의무감이 생겨서 마음이 무거워져 결국 아예 안하게 될 수 있어요.

ISTJ 어머니 저는 성격유형별 영어 학습을 배우기 전에는 ENFP 인 아들을 이해하지 못했어요. 왜 열심히 부지런히 노력하지 않는지 화가 나서 혼내기만 했었지요. 이것을 알기 전에는 아들이 잘못된 줄만 알았어요. 그러나 이제는 엄마인 제가 잘못되었다는 것을 알게 되었습니다. 지금이라도 이것을 알았으니 앞으로는 더 이상 저의 성격 때문에 아들에게 상처주지 않게 되어 감사합니다.

ENFP 성인 학생 감정적인 학습방법이 저에게 도움이 많이 된다는 것을 알게 되었습니다. 무조건적인 암기 방식보다는 내용을 가지고 흐름을 타며 이해하고, 감정을 이입하는 것이 암기보다 훨씬 학습 효과에 긍정적인 영향을 주었습니다. 예전에는 인터넷 검색으로 학습 자료를 참고했지만 지금은 생각이 바뀌었습니다. 나에게 맞는 자료는 내가 경험하면서 겪어나가는 것이 중요함을 깨달았습니다. 자료를 추천한 사람이 나와 반대 유형이라면 저는 그 자료에서 흥미를 느끼지 못할 수도 있다는 것을 알게 되었습니다.

ENFP 영어 교사 성격유형별 영어 학습 과목을 보고, 이건 정말 내가 알아야 하고 원하던 수업이라는 생각이 들었습니다. 점점 더 다양해지는 아이들을 보면서 한계를 느끼고 있었습니다. 이해되지 않는 학생을 볼 때 예전에는 "왜 저러지?" 했던 것이 이 강의로 많은 해답을 얻고 있습니다. 이 수업은 학생과 선생님의 관계로 한정되는 것이 아니라 나와 배우자, 자녀, 특히 시댁과 친정 가족, 친구 등 모든 관계의 연속으로, 이제는 남을 함부로 내 방식대로 생각하기보다는 '저 사람은 저런 유형이라서 그렇구나' 하고 이해하게 됩니다. 고등학교 때 팝송 가사를 가지고 오셔서 열정적으로 노래를 가르쳐 주셨던 영어 선생님이 기억납니다. 그때 배웠던 팝송이 잊혀지지 않는 이유를 이제 알았습니다. 저의 감성을 자극하는 가사와 음악을 접목한 교수법이 제 유형과 잘 맞기 때문이었습니다. 이 공부를 통해 저는 이성과 감성을 동시에 일깨워주는 교사가 될 것이라고 다짐했습니다.

 ISTJ 영어학원 원장 하루는 ENFP 초등학생 아이가 아무도 없는 교실에서 혼자 연습하는 것을 보았습니다. "이렇게 많은 학생들이 와줘서 고맙습니다" 이렇게 말하며 상상하는 아이에게 "여기에 아무도 없는데 무슨 사람이 많니? 조용히 앉아서 연습해 봐"라고 말했던 것이 기억납니다. 아이들에게 저만의 방식을 강요했다는 것을 이제야 깨달았습니다. 학생 수가 점점 줄어들어서 교수님께 조언을 구했을 때 해주신 말씀이 도움이 많이 되었습니다. "지적하고 싶겠지만 꾹 참고 지적 대신 잘한 점을 찾아내어 칭찬해 주세요!" 제가 칭찬에 인색했고, 아이들의 정서를 돌봐주지 못했습니다. 지금이라도 저의 문제점을 알고 고칠 수 있게 되어 다행입니다.

ISFJ-ENTP

봉사자 마더 테레사와 토론가 소크라테스

 ISFJ

마더 테레사

가난한 이들의 어머니

기자: "What can we do to promote world peace?"

"수녀님, 세계 평화를 위해서 우리는 무엇을 해야 할까요?"

테레사 수녀: "Go home and love your family"

"집에 가서 당신의 가족들을 사랑해 주세요."

"Never worry about numbers. Help one person at a time and always start with the person nearest you."

"몇 명을 도왔는지에는 신경 쓰지 마세요. 한 번에 한 명을 도와주세요. 그리고 그 시작은 항상 당신에게 가장 가까이 있는 사람부터 하시면 됩니다."

– 마더 테레사

테레사 수녀는 1910년 마케도니아에서 출생했다. 사랑의 선교회 설립 후 세계 각지로 120곳의 분원을 설립하여 가난한 자의 어머니라는 호칭이 늘 따라다녔다. 이로 인해 1979년 노벨 평화상을 수상했다.

마더 테레사
(Mother Teresa, 1910~1997,
향년 87세)

ENTP

소크라테스

문답식 토론

"If you want to know your soul, you must talk to other people."

"만일 당신이 당신의 영혼에 대해서 알고자 한다면, 당신은 반드시 다른 사람들과 대화해봐야 한다."

– 소크라테스

소크라테스
(Socrates, 그리스 아테네,
BC 470 – BC 399)

소크라테스는 조각가인 아버지와 산파인 어머니 사이에서 가난한 서민으로 태어났다. 직접 광장에서 사람들을 만나 얼굴을 마주하며 대화했기에 남긴 저서가 없다. ENTP 유형은 토론하는 것은 좋아하지만 이를 정리하고 마무리하는 것은 반대 유형의 도움이 필요하다. 만나는 사람마다 다른 주제, 다른 방식으로 대화한 것을 소크라테스식 문답법이라고 한다.

ENTP인 소크라테스에게 묵묵히 가난한 아프리카인들을 도우라고 했다면, ISFJ인 테레사 수녀님에게 광장에 나가 공개 토론을 하라고 했다면 어떨까요? 각자의 유형은 각자의 장점입니다. 우리는 모두 자신만의 재능을 갖고 태어납니다. 그 재능을 잘 개발하느냐, 그렇지 못하느냐는 이제 여러분의 몫입니다.

01 ISFJ - 임금 뒤편의 권력형

ISFJ는 나서는 것을 싫어한다. 대신 뒤에서 실제적으로 돕는 것은 좋아하고 이를 잘해낸다. ENTP의 방식인 갑자기 공개적으로 발표시키는 교수법은 싫어하고, 배운 내용을 글로 조용히 정리하면서 친화적인 분위기 안에서 공부하는 것을 선호한다.

자신을 잘 나타내는 표현(김정택·심혜숙, 2007)

사람만이 희망이다, 벼는 익을수록 고개를 숙인다, 차분하다, 소심하다, 친절하다, 꼼꼼하다, 정리정돈을 잘 한다, 성실하다, 여성스럽다, 현모양처 유형

장점 살리기

- 다른 사람들이 믿고 신뢰할 수 있는 확실한 책임감을 갖고 있으며 누구에게든 협력적이고 배려한다.
- 모든 것이 적절한 때에, 적절한 곳에 있도록 하기 위해 조직에서 근면하고 철저하다.
- 문제가 되는 세부 사항들을 쉽게 다룬다.
- 학교 규율을 잘 지키고, 학습 분위기를 조성하는 순종적인 학생이다.

- 영어를 읽고 쓰는 것부터 시작하는 것이 효과적이다. 기초가 없는 학습자를 처음부터 영어회화로 시작하게 하면 좌절하고 당황해 할 수 있다.
- ISFJ 학생을 가르치는 영어 교사라면 구체적인 정보를 제공해 주는 것이 좋다. 학습자의 현재 영어 수준을 보고 듣기는 어느 출판사의 어느 교재로 연습하라는 식으로 구체적인 예시를 들어서 정보를 주어야 도움이 된다.

ENTP – 발명가형

ENTP는 늘 새로운 방식을 추구하는 개발자이자 발명가이다. 사회적 관계도 창의적으로 다룰 줄 아는 재능을 갖고 있다.

자신을 잘 나타내는 표현(김정택·심혜숙, 2007)

산만하다, 사람을 잘 다룬다, 마무리가 힘들다, 논리적, 자율성, 열린 마음, 새로운 것 추구

장점 살리기

- 열정을 가지고 일을 시작하고 에너지를 불어넣으며 새로운 시도를 즐긴다.
- 통합적 전략을 시도한다.
- 실패에 부딪치더라도 가능성을 본다.
- 도전적인 과제를 접하면 일단 행동하고 본다.
- 대부분 자신만의 독특한 방식으로 영어를 학습하기 때문에 자세한 학습 방법을 설명해 주는 것보다는 관심 있는 분야의 자료를 제공해 주는 것이 효과적이다. 전문가가 최신 과학적 근거로 학습 원리를 설명하는 것도 도움이 된다.

 ISFJ 영어 학습자 선생님. 저는 회화 학원에 갔다가 모르는 사람들을 만나는 것도 힘들고, 말을 하는 것도 힘들어서 몇 번 가다가 말기를 반복했어요. 회화를 잘 하려면 어떻게 해야 할까요?

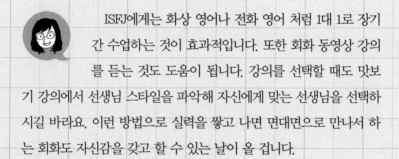 ISFJ에게는 화상 영어나 전화 영어 처럼 1대 1로 장기간 수업하는 것이 효과적입니다. 또한 회화 동영상 강의를 듣는 것도 도움이 됩니다. 강의를 선택할 때도 맛보기 강의에서 선생님 스타일을 파악해 자신에게 맞는 선생님을 선택하시길 바라요. 이런 방법으로 실력을 쌓고 나면 면대면으로 만나서 하는 회화도 자신감을 갖고 할 수 있는 날이 올 겁니다.

 ENTP 승무원 저는 국내 항공사 스튜어디스 10년차에요. 외국 항공사로 이직하고 싶은데 영어공부를 꾸준히 오래하지 못해요. 인내심과 끈기가 부족한데 어떻게 해야 하나요?

 ENTP의 가장 큰 장점은 시작과 도전을 잘 하는 것이고 가장 큰 단점은 시작한 것이 끝나지도 않았는데 또 다른 것을 시작하느라 이전 것을 마무리하지 못한다는 거에요. 시작은 혼자 할 수 있지만 마무리를 혼자 하는 것이 매우 힘들게 느껴지죠. 자신이 주도적으로 영어회화 스터디를 만들어서 스터디 리더가 되어 이끌어가 보세요. 그러면 책임감도 생기고 리더로서 모범을 보이고 싶은 욕구 때문에 마무리를 하게 되고 공부도 하게 됩니다. 스터디를 잘 운영하는 곳에 참여해서 방법을 배우고, 자신이 만든 스터디 그룹에서 적용해 보세요. ENTP는 목적이 같은 사람들과 뚜렷한 목표를 가지고 함께 공부하는 것이 효과적입니다. 승무원이라서 일정하게 시간을 내지 못한다면 Skype 등을 통해 그룹 음성 스터디를 활용해 보세요.

ISFJ 영어 교사이자 학습자 이 수업을 듣기 전에는 성격유형에 따라 학습 방법이 달라야 한다는 것을 전혀 생각하지 못했다. 영어 공부가 잘 안 되는 것은 그저 열심히 하지 않아서이고, 재능이 없어서라고 생각했다. 몇 번이고 반복해서 읽고 써서 암기하는 것이 공부방법의 전부로 알고 있었다. 나의 지난 공부법이 잘못됨을 알게 되고, 성격유형에 따라 여러 방법으로 학습하면 더 나은 효과와 성공감을 느껴 영어 공부를 재미있게 할 수 있을 것이다. 너무 꼼꼼하게 틀에 얽매이려 하지 말고, 다양한 분야의 독서로 직관을 자극하는 것이 도움이 되었고, 시청각 자료를 활용하여 좀 더 효과적인 학습 효과를 얻을 수 있었다. 앞으로의 영어 선생님은 일방적으로 영어 지식만을 전달하는 것이 아니라 학생들의 성향을 파악하고 학생들에게 맞는 수업을 진행해야 한다고 생각한다. 그동안 아이들이 질문하면 "배운 것을 왜 잊어버렸냐"며 열심

영어공부, 성격대로 해라

히 하지 않은 것에 대해서 핀잔을 주면서 의욕을 상실시킨 것 같아서 미안한 마음이 들었다.

ENTP 대학 영어 강사 성격유형별로 선호하는 학습 방법이 다르다는 것을 알지 못했을 때는 모두 나와 같은 성격인줄 알고, 나의 방법이 최고인 줄로 착각했다. 영어 회화 수업을 할 때 공평하게 만인이 보는 앞에서 혼자서 발표하게 했을 때 내향적인 학생은 F를 받겠다면서 시험 보는 것을 포기했었다. 늘 갑작스럽게 발표를 시키고 질문하고 토론을 유도했던 수업 방식이 내향형인 학습자에게는 곤욕스럽고 힘든 방법이라는 것을 알고 난 후 나의 강의 방식은 완전히 바뀌었다. 첫 시간에 MBTI 성격유형 검사를 해서 출석부 이름 옆에 성격유형을 적어 놓았다. 성격유형의 분포를 분석해서 반마다 학습 활동을 달리했다. 같은 영어 수업이라고 해도 일본학과는 내향형이 97%라서 내향형이 선호하는 개별 학습과 읽기, 동영상 시청, 강의 듣기 등으로 수업 활동을 했고, 발표는 거의 시키지 않았다. 갑작스럽게 시킬 때는 외향형 학습자에게 물어봤다. 내향형 학습자에게는 갑자기 시키지 않을 테니 걱정하지 말라면서 안심시켰다. 영어 회화 실기 시험을 볼 때는 내향형 학습자를 배려해서 학생과 나 둘이만 있는 공간에서 조금 더 편안한 마음으로 시험을 볼 수 있도록 배려했다. 그 이후로 F를 달라면서 시험을 포기하는 학생이 없어졌다.

INFJ vs. ESTP

 칼 융

마음을 치료하는 분석심리

"The creation of something new is not accomplished by the intellect but, ... from inner necessity."

"무언가 새로운 것을 창조하는 것은 지성으로 인해 완성되는 것이 아니라, 내적인 필요에 의해서 성취된다."

– 칼 융

"Jung sees himself as a sort of a guru or guide."

"융은 스스로를 정신적 지도자나 안내자로 생각합니다."

– 페데리코 펠리니(Federico Fellini)

칼 융은 신경정신과 의사이자 분석심리학의 창시자이다. 눈에 보이지 않는 것에 관심이 많아서 24세에 조카를 보고 신과 소통하는 영매를 경험하였다. 이를 바탕으로 27세에 〈소위 심령현상의 심리와 병리에 대하여〉라는 학위논문을 발표한다.

칼 융
(Carl Gustav Jung, 1875–1961)

ESTP

헤밍웨이
취미와 직업의 경험을 사실적으로 묘사한 소설가

"In order to write about life, you must first live it!"

"삶에 대해서 글을 쓰기 위해서 당신은 먼저 삶을 살아야 한다!"

– 어니스트 헤밍웨이

헤밍웨이는 기자로 활동하다가 제1차 세계대전이 발발하자 운전병으로 참전했다. 낚시, 사냥, 스키, 여행 등 활동을 하는 다양한 취미 생활을 즐겼다. 배를 사서 선장으로 항해한 경험을 바탕으로 1953년 《노인과 바다The old Man and the Sea》를 써서 1954 노벨 문학상을 수상했다. 전쟁에 참전한 경험을 바탕으로 쓴 《누구

어니스트 헤밍웨이
(Ernest Hemingway, 1899–1961)

를 위하여 종은 울리나For Whom the Bell Tolls, 1940》, 《무기여 잘 있거라A Farewell to Arms, 1929》 등 많은 작품들을 썼다.

내면 세계와 자아 성장에 관심이 많은 INFJ인 칼 융에게 낚시와 스키, 운전병 등을 하라고 하고, 반대로 다양한 취미 활동으로 재미를 느껴야 하는 ESTP인 헤밍웨이에게 눈에 보이지 않는 내면 세계에 대해 논문을 쓰라고 하고 정신과 의사가 되길 강요한다면 그들은 능력을 발휘할 수 있었을까요?

INFJ – 예언자형

중후한 인격과 깊이 있는 고요함을 가진 정신적 지도자 유형인 INFJ
는 대단한 공감력의 소유자다. 타인의 감정이나 의도를 본인이 스스
로 인식하기도 전에 간파할 수 있다. 직감력의 정확성 때문에 예언자
라는 별명이 붙었다.

자신을 잘 나타내는 표현(김정택·심혜숙, 2007)

성실과 노력, 외유내강, 참하다, 착하다, 신(神)기 있다, 조용한 이상주
의자, 꿈의 나래, 내 마음의 등대, 내적 대화, 맑은 영혼

장점 살리기

- 사람과 관련된 문제에 비범한 통찰력이 있다.
- 가정과 직장에서 양심적이고 청렴해서 주변 사람들에게 인정받
  는다.
- 미래지향적인 아이디어들을 기획하고 개발하는 데 기여한다.
- 자아 성찰에 관심이 많아서 성찰적 의미가 담긴 독해 자료를 사
  용하여 수업하면 효과적이다.
- 글쓰기를 좋아하기 때문에 감동적인 영어 명언이나 영어 글귀,
  대사 음미하며 베껴 쓰기 등이 의미 있고, 통찰력을 자극하는
  활동을 좋아한다.

02 ESTP - 수완 좋은 활동가형

갑작스런 위기 상황에서 순발력을 발휘하는 ESTP는 대단한 분쟁 조절가이며 협상가라서 수완 좋은 활동가라는 별명이 붙는다. 늘 행동하고, 재미를 추구하기 때문에 다양한 취미 생활과 오락을 즐긴다. 행동파로 실용적인 착상은 잘 하지만, 이를 세부화시켜줄 수 있는 반대 유형의 도움이 필요하다.

자신을 잘 나타내는 표현(김정택·심혜숙, 2007)

길이 있어서 가는 것이 아니라 내가 가는 길이 길이다, 카멜레온^{상황적응}, 폼에 살고 폼에 죽는다, 위기 시 임기응변에 강하다, 적극적, 호기심 천국

장점 살리기

- 솔직하고 직접적이며, 논리적이고 순발력 있게 문제를 처리한다. 협상하고 합의점을 찾는 데 대가다.
- 응급 상황과 분쟁시 문제해결과 적응에 능하다.
- 사람들과 함께 경험한 즐거운 순간에 대해 이야기함으로써 유쾌한 분위기를 만든다.
- 놀이 영어, 영어 캠프, 영어 뮤지컬, 영어 팝송 등 재미있는 활동과 영어 학습을 결합한 수업이 효과적이다.

INFJ 교육대학원 학생 선생님. 저는 부모님의 권유로 영어교사가 되기 위해 교육대학원에 입학했는데, 지난 학기 교생실습을 다녀와서 고민이 커졌어요. 영어를 참 좋아하지만 많은 아이들 앞에서 강의하는 것이 제겐 긴장되고 너무 힘들더라구요.

학생 개인에 대한 관심과 애정이 많고 진심이라는 것을 압니다. 대중 앞에 서는 것이 어렵다면 온라인 멘토링 수업을 해보시는 것을 권하고 싶어요. 1대 1로 인터넷으로 만나고 온전히 한 명에게 집중할 수 있으니까요. 가르치는 분야가 부담스럽지만 영어를 좋아한다면 교재개발 연구원이나 영어 번역가의 길도 추천해주고 싶어요. 길은 많아요. 이 시점에서 진로를 나에게 더 맞출 수 있는 계기가 되어 다행이네요.

ESTP 공주님(공부하는 주부님) 저는 가정주부예요. 그런데 살림만 하는 것이 너무 힘들어서 일을 하고 싶어 사이버대 영문과에 입학했어요. 그런데 휴학과 복학을 반복해서 졸업이 늦어졌어요.

잘 하셨어요. 입학한 자신의 용기에 무한한 칭찬을 보내주세요. 저도 그 도전을 응원합니다. 휴학했지만 또 복학했잖아요. 끝까지 포기하지 않고 졸업하는 것에 목표를 두세요. ESTP가 공부해서 선생님이 되면 유머감각이 뛰어나 스타 강사가 된답니다. 학교 다니시면서 야학이나 학원 방과후 교사 등으로 강의기회를 찾아 강의해 보세요. 영화를 활용한 영어공부도 효과적입니다. 강의가 적성에 맞는다면 교육대학원에 진학해서 영어 교사가 되는 길을 추천해 드리고 싶어요.

INFJ 학습자 저에게 가장 효과적인 영어 말하기 방법은 편하고 친한 사람을 정해서 1대 1 프리토킹하면서 공감할 수 있는 주제로 대화하는 방법입니다. 관심 있는 주제의 영어 원서를 정해서 읽는 것을 좋아하는데, 저의 종교가 기독교라서 영어 묵상집을 매일 읽으며 자기 성찰도 하고, 독해 실력도 많이 늘리게 되었습니다. 또한 매일 영어 일기를 쓰면서 자기 성찰하는 것을 좋아합니다. 문법은 아주 기초적인 문법만 미리 책으로 혼자 공부하고, 그 다음은 자연스럽게 영어를 접하며 깨우쳐 가는 편입니다. 인생에 대한 의미 있는 메시지가 담긴 소설이나 에세이를 좋아합니다. 제게 비효과적인 방법은 토론 수업인데 긴장을 많이 해서 피하고 싶습니다. 발표 수업을 싫어합니다. 제가 느낀 점을 글로 표현하여 조용하게 제출하는 편이 더 편안합니다.

영어공부, 성격대로 해라

ESTP 영어 교사 저는 미국으로 해외여행을 갔다가 영어가 좋아져서 영어를 공부하게 되었습니다. 무엇이든 재미가 있어야 하고 싶은 마음이 듭니다. 저의 수업을 듣는 학생들은 수업이 재미있다고 합니다. 사례를 통해 실제적인 도움을 주면서도 명료하고 재밌기 때문에 인기 강사로 뽑힌 적도 있습니다. 영어 공부는 재미있어야 하고, 행복해야 한다고 생각합니다. 가만히 앉아서 공부처럼 하는 영어 수업은 숨이 막힙니다. 활동을 겸비한 영어 게임이 제가 가장 많이 쓰는 수업 방식입니다.

INTJ vs. ESFP

과학자 아이작 뉴턴과 미국 대통령 빌 클린턴

만유인력의 법칙을 발견한 뉴턴
공부와 깊은 사색으로 과학적 발견을 이루어낸 근대 과학의 선구자

"I can calculate the motion of heavenly bodies, but not the madness of people."

"나는 하늘의 천체들의 움직임을 계산할 수 있지만, 사람들에 관심 갖는 것은 불가능하다."

– 아이작 뉴턴

　　뉴턴은 영국의 물리학자로 뉴턴의 모친은 교육에 무관심했고, 뉴턴이 아버지의 가업을 이어 농부가 되길 원했다. 뉴턴은 어릴 때부터 말이 없고, 무뚝뚝한 성격이며, 독서를 좋아하고, 기계를 가지고 놀았다. 뉴턴을 가르치던 선생님의 도움으로 학업을 이어가다가 흑사병으로 1965년 집으로 돌아와서 연구를 하게 되었다.

아이작 뉴턴
(Isaac Newton, 1642–1727, 영국)

이때 22가지 연구 프로젝트를 동시에 진행하여 1966년 사과나무를 보고 "중력"의 법칙을 발견했고, 미적분을 만들었으며, 프리즘으로 빛의 여러 가지 색을 증명하는 등 뉴턴이 24세에서 25세였던 이 시기를 사람들은 "기적의 해"라고 부른다.

ESFP

빌 클링턴
함께 하기를 좋아하는 대통령

"I always tried to keep things moving in the right direction, to give more people a chance to live their dreams, to lift people's spirits, and to bring them together."

"더 많은 사람들이 그들의 꿈을 이루며 살 수 있는 기회를 가질 수 있도록 사람들의 영감을 고취시키고, 그것들을 함께 누릴 수 있도록 하기 위해서 나는 여러 가지 일들이 올바른 방향으로 계속해서 나아가도록 항상 노력했다."

– 빌 클링턴

클링턴은 유복자로 태어나 가난하지만 친척들과 함께 지내며 행복한 어린 시절을 보냈다. 조지타운 대학에서 자신의 적성에 맞는 정치학을 전공하고, 더 큰 꿈을 이루기 위해 옥스포드 대학에서 법학을 전공했다. 1972년 대통령 후보 선거운동으로 정계에 입문하여 미국의 42대, 43대 대통령을 지냈다. 그는 섹소폰 연주,

빌 클링턴
(Bill Clinton, 1946, 미국)

골프, 축구 등 사람들과 함께 할 수 있는 다양한 취미를 즐겼다.

사람들과 함께 대화하고 활동하기를 좋아하는 클링턴에게 물리학을 연구하라고 하고, 혼자서 연구하기를 좋아하는 뉴턴에게 밖에 나가 사람들과 어울리며 종일 축구를 하라고 했다면 둘은 행복했을까요?

209

INTJ – 과학자형

INTJ는 모든 유형 중에서 아이큐가 가장 높은 것으로 알려졌다. 이론과 원리에 대해 연구하기를 좋아하기 때문에 과학자라는 별명을 갖고 있다.

자신을 잘 나타내는 표현(김정택·심혜숙, 2007)

기회는 준비된 자에게 온다, 얼음 공주차가워 보여서, 따지려 든다, 내면의 통찰, 합리적 이유 파악, 시스템 구축가

장점 살리기

- 아이디어가 명확해서 이를 가시적으로 그려낼 수 있다.
- 패러다임 전환자로 개념적으로 영향을 주는 사람이다.
- 전체와 부분의 관계를 잘 파악한다.
- 미래의 요구를 위해 시대에 뒤쳐진 방법을 개선한다.
- 독립적이다.
- 장기간 열심히 노력하고, 목표달성에 흔들림이 없기 때문에 영어를 공부해야 하는 확고한 목표와 동기가 있다면 시간 낭비 없이 끝까지 최선을 다하는 유형이다.

ESFP - 사교적인 유형

ESFP는 모든 유형 중에서 가장 사교적인 유형이다. 친구를 매우 좋아하고 친목 모임에 참여하는 것을 즐긴다.

자신을 잘 나타내는 표현(김정택·심혜숙, 2007)

일단 하면 된다, 관계 지향적, 인생은 아름다워, 친구의 친구는 다 내 친구, 칭찬에 약하다, 이타적이다

장점 살리기

- 타인에게 결점이 있어도 관대하게 수용하고 장점을 찾아낸다.
- 놀 땐 놀고, 공부할 땐 공부하자! 일뿐만 아니라 놀이에도 열광적이다.
- 어떤 환경에서도 의욕과 활기를 불어넣어 준다.
- 관찰력이 뛰어나다.
- 즉시 활용될 수 있는 자원과 사람, 실제적인 정보를 잘 파악한다.
- 사람과 함께 하는 놀이 같은 재밌는 수업이 효과적이다.
- 재미가 없으면 흥미가 떨어지기 때문에 외국인 친구와 파티하면서 대화하기, 뮤지컬 공연하기, 영어 마을 체험하기 등이 효과적이다.

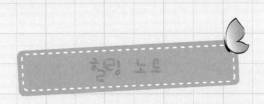

힐링 노트

INTJ 영어 교사 그냥 남들이 좋다는 방법을 하면 실력이 늘 것 같았고 뚜렷한 방법에 대해서 생각해 본 적도 없었습니다. 학생들이 저의 방식대로 당연히 따라와야 한다고 생각했어요. 강의평가에서 제 수업이 일방적이고 어려웠다고 나왔습니다. 어떻게 개선해야 할까요?

INTJ는 스스로 공부를 잘하는 가장 독립적인 유형이에요. 그러다 보니 학생들에게도 독립적으로 스스로 알아서 공부하길 기대할 수 있습니다. 본인의 성취 기준을 조금만 더 낮춰보세요. 아이들은 선생님처럼 스스로 잘하지 못하는 경우가 많아요. 가르칠 때 학습자들을 살펴보고 그에 따른 학습 방법을 달리 해야 한답니다. 수시로 아이들에게 부드럽게 미소를 지으며 물어봐 주세요. 혼자서 진도 나가는 것이 아니라 학생들과 소통하며 자신을 학생들 눈높이에 맞추는 훈련이 필요합니다.

ESFP 초등학교 영어 교사 예전에는 가르치는 학생들에 대해 이해하지 못했고, 나와 수업 방식이 다른 사람들을 이해하지 못했습니다. 저의 수업방식이 반대유형에게 어떤 영향을 미칠까요?

내향적인 학생들을 위해서 너무 산만하거나 활동적인 수업을 줄여주세요. 계속적으로 성격유형을 공부하면서 사람들을 이해하고, 자신과 반대유형인 동료 교사의 수업을 잘 관찰함으로써 반대유형 학생에게 적용할 만한 Tip을 얻을 수 있을 겁니다. ESFP는 관찰력이 뛰어나거든요. 반대유형 교사의 교수법에서 아이디어를 얻으실 수 있을 겁니다.

INTJ 어머니　이전에는 나의 성격을 몰랐기 때문에 현실감이 부족한 자신의 행동들을 잘 이해하지 못했습니다. 실력이 그다지 높지 않은데도 기탄없이 영어로 이야기하는 다른 사람들이 부럽기만 했습니다. 성격과 행동의 상관관계를 심각하게 고려하지 않아 내 아이들과 자주 부딪혀 종종 언쟁을 하는 등 관계가 원만하지 못했었습니다. 나와 성격유형이 다른 아이들에게 책에 소개된 좋은 방법을 안내해주며 따라 하도록 강요했었습니다. 그러나 성격유형별 영어 학습을 접한 후 나의 행동들이 나의 고유한 성격유형에서 비롯된 것임을 깨닫고 나를 이해하게 되었습니다. 다른 사람들의 행동이 각자의 성격유형에서 나온 것임을 알게 되니 비판적인 시각을 거두게 되고, 그들을 조금 더 이해하게 되었습니다. 내 아이들도 역시 각자의 성격유형에서 비롯됨을 이해하고 저의 방식을 강요하던 것을 멈추었더니 아이들과 관계가 개선되었습니다. 나에게 잘 맞는 학습 방법을 개발하게 되고, 그 방법들을 적용하게 되니 영어 공부에 흥미가 생겼습니다. 다른 사람의 1대 1 전화 영어 수업을 모니터링 후 상담하는 일을 하는데, 아이들을 바라보는 시각이 훨씬 따뜻해졌고, 유형이 다양한 아이들의 각자 성격에 맞는 공부 방법을 모색하여 부모들에게 적절한 조언을 해줄 수 있어서 나의 일에 대한 만족도가 높아졌습니다.

영어공부, 성격대로 해라

ESFP 영어 학습 성공자, 영어학원 강사 필리핀에서 생활하면서 배웠던 방식들이 제게 왜 맞았는지 알게 되었습니다. 영어를 배워도 책상에서 공부하기보다는 사람들을 직접 만나 부딪치며 하는 것을 좋아하는 외향형이고, 필리핀 튜터와 좋은 관계를 유지했기 때문에 더욱 동기부여가 되었던 감정형이고, 배운 내용을 실제 삶에서 즉시 활용할 수 있었으니 감각형인 저의 성격에 잘 맞았고, 잘 하다가도 시간이 남으면 집중하지 못하고 마감일에 임박해야 두뇌 회전력이 좋아지는 인식형이었던 것입니다. 학원에서 아이들을 가르칠 때 나만의 파닉스 송을 만든다거나 교구를 활용해 가르치거나 게임을 활용하는 방법 등 마음이 가는대로 참여 수업을 연구했으나 이것은 제가 좋아하는 방식을 사용한 것이지 아이들 개개인의 특성에 맞는 수업을 한 것이 아님을 알게 되었습니다. 나는 나름대로 많이 연구하고 최선을 다해 가르치는데도 어떤 아이들은 변화가 있었지만 왜 어떤 아이들은 처음과 다름 없을까. 그 아이들의 잘못이 아니라 제가 이 아이들의 성격유형을 잘 파악하지 못한 무지함이라는 것을 깨달았으며 이제 이와 같은 잘못을 저지르지 않기 위해서라고 계속이 공부를 하고 싶습니다.

ISTP vs. ENFJ

스마트폰 개발자 스티브 잡스와 존경받는 넬슨 만델라

ISTP 컴퓨터를 잘 다루는 스티브 잡스

"One of my mantras – focus and simplicity."

"나에게 거는 주문 중 하나는 집중과 단순성이다."

– 스티브 잡스

스티브 잡스
(Steve Jobs, 1955–2011,
향년 56세 미국)

　스티브 잡스는 태어나자마자 친부모에게 버림받고 입양되었다. 초등학교 시절 결석이 잦은 비행청소년이었고, 12세 때 주파수 계수기를 만들기 위해 부품에 대해 문의한 적이 있다. 미국 애플사의 공동 창립자이자 PC의 대중화를 예상한 최초의 사업가이다. 그의 활약은 대단했다.

　1981년 회사 주식 공모 신기록을 세웠고, 1983년 포춘지 선정 최단기간 500대 기업에 들었으나 1985년 자신이 창업한 회사로부터 강제퇴직을 당했다. 그러나 다시 1997년 애플사로 복귀하여 2001년 아이튠즈, 아이팟 등을 출시해 MP3 시대를 열었다. 그의 성공 가도에 브레이크를 건 것은 2003년 췌장암 판정을 받은 것이다. 그럼에도 불구하고 계속 일을 해서 2007년 아이폰 출시를 마지막으로 2011년 향년 56세의 나이로 세상을 떠났다.

ENFJ

전 남아공 대통령 넬슨 만델라

진심어린 존경이 우러나오는 지도자

"During my lifetime I have dedicated myself to the struggle for a society in which all persons will live together in harmony."

"평생 동안 나는 모든 사람들이 조화롭게 함께 사는 사회를 위해 투쟁하는 데 나 자신을 바쳤다."

– 넬슨 만델라

넬슨 만델라는 남아프리카 공화국 최초의 흑인 대통령이다. 백인 정권의 인종차별에 투쟁하다가 반역죄로 체포되어 27년 6개월¹⁹⁵⁶년 수감~1990년 출소 동안 감옥에서 수감 생활을 했다. 긴 감옥 생활에도 불구하고 희망을 잃지 않고, 채소밭을 가꾸고, 꾸준히 운동을 했으며 오히려 교도관들을 위로하고 상담해 준 것으로 유명하다. 출소 3년 후인 1993년 노벨 평화

넬슨 만델라
(Nelson Mandela, 1918-2013,
향년 95세, 남아공)

상을 수상했고, 1994년 62%의 높은 득표로 대통령에 취임했다. 대통령에 취임하고 나서도 복수하지 않았고, "용서와 화해"의 정치를 펼쳐서 국민들로부터 더욱 존경받았다. 그는 인권을 위한 투사로서 평생을 싸웠고 결국 "변화"를 일으키는 인물이 되었다. 저서로는 《자유를 향한 긴 여정》 등이 있다.

스티브 잡스와 넬슨 만델라 전 대통령이 남긴 명언을 보면서 각자의 관점이 어떻게 다르고 어디에 중점을 두면서 살았는지 생각해 봅시다.

ISTP 유형인 스티브 잡스가 남긴 명언

"만약 어떤 일을 순조롭게 진행했다면 또 다른 멋진 일을 찾아 도전해야지, 그 성공에 너무 오래 안주해서는 안 된다."

"우리는 더 포괄적이고 단순한 제품을 만들려 노력했다."

"내가 좋아하는 것은 제 기능을 다하면서 생활 속에 녹아들어 가는 제품이다."

ENFJ 유형인 넬슨 만델라 대통령이 남긴 명언

"가장 위대한 무기는 평화입니다."

"인생의 가장 큰 영광은 결코 넘어지지 않는 데 있는 것이 아니라 넘어질 때마다 일어서는 데 있습니다."

"나는 대단한 인간이 아닙니다. 단지 노력하는 노인일 뿐입니다."

"용기 있는 사람은 두려움을 느끼지 않는 사람이 아니라 두려움을 정복하고 뛰어넘는 사람입니다."

ISTP – 백과사전형

ISTP는 어릴적부터 도구나 연장 등에 끌려서 도구 사용 실습과정을 제공한다면 이들은 흥미롭게 배울 것이다. 자신의 재능과 관련 없는 공부에는 관심이 없으나 자신이 좋아하는 분야에서는 혼자서 백과사전 같은 것을 찾아가면서 공부하는 유형이라서 백과사전형이나 장인 도구 사용의 대가이라는 별명을 갖고 있다.

자신을 잘 나타내는 표현(김정택·심혜숙, 2007)

불필요한 움직임을 싫어함, 잔잔한 물 그러나 건들면 다쳐, 있는 듯 없는 듯, 도구를 잘 사용, 일은 분석적·객관적, 일상은 우유부단

장점 살리기

- 사실과 세부사항들을 잘 기억하고 현실 적응력이 있다.
- 자신만의 특별한 기술이나 전문성을 개발하여 사용하는 것에 자부심을 느낀다.
- 최소의 노력으로 최대의 효과를 보려고 하는 성격이 있는데, 영어 공부에 있어서는 이것이 통하지 않는다는 것을 깨닫고 학습량으로 승부를 거는 꾸준한 노력을 한다면 효과를 볼 수 있다.
- 교구를 활용한 영어 수업, 만들기와 접목한 실습 영어가 동기와 흥미를 줄 것이다.

2 ENFJ - 언변능숙형

ENFJ는 언변에 능하다. 감동적인 설교나 말을 잘해서 존경받는 종교 지도자나 정치인 중에 많이 있다. 평강공주라는 별명도 있는데, 말로 동기부여를 워낙 잘해서 바보였던 온달도 장군이 되게 하는 유형이다.

자신을 잘 나타내는 표현(김정택·심혜숙, 2007)

도전하지 않는 삶은 죽은 삶이다, 성실하고 배려심이 깊다, 말을 잘한다, 부탁도 거절도 못 한다.

장점 살리기

- 사람들의 성장에 관심을 갖고, 그것을 촉진시켜 준다.
- 다른 사람들이 듣기 원하는 메시지를 명확히 표현한다.
- 인간은 원래 선하다고 믿으며 사람들을 도와주는 것을 좋아한다.
- 칭찬을 받으면 그 사람에게 잘 보이기 위해서 더욱 열심히 할 수 있기 때문에 좋은 영어 선생님을 만나거나 가족 같은 분위기의 스터디 그룹 활동을 하면 효과적이다.

 ISTP 학생 영어를 잘하는 것이 참 여러워요. 손뜨개나 만들기는 잘 하는데 남들 앞에서 영어로 말하는 건 창피해서 도전하기 힘들어요.

ISTP는 영어 쓰기를 통해서 공부를 시작하다가 자신감이 생겼을 때 말하기를 마지막 단계에서 배우는 것이 좋아요. 몸을 사용하는 영어 전치사 운동을 하면서 영어를 배우고, 손을 사용해 직접 글로 써보는 것이 도움이 될 겁니다. ISTP는 가만히 있으면서 관찰하는 것을 좋아하고, '에너지 절약형'이라는 별칭처럼 효율적으로 공부하고 싶어해요. 그러나 영어는 효율보다는 무조건적인 입력이 중요해요. 매일 꾸준하게 영어 글쓰기를 하고 개인지도 선생님께 첨삭을 받으며 적절히 관리도 받으면서 시작해 보세요.

영어공부, 성격대로 해라

ENFJ 학생 학원 영어 선생님이 너무 무서워서 영어도 무서워졌어요.

ENFJ는 선생님과의 관계와 감정 교류가 정말 중요하답니다. 영어를 잘하고 싶다면 영어 선생님을 사랑하세요. 선생님을 사랑하면 선생님의 사랑을 받고 싶은 마음에 영어도 잘하려고 노력하게 된답니다. 학원 영어 선생님이 무섭다면 친절하고 늘 미소 지어주시는 선생님이 있는 곳으로 옮겨보세요. ENFJ에게는 선생님, 친구, 부모님 등 주변 사람들과의 관계가 공부에 영향을 미칠 만큼 중요하답니다.

ISTP 학습자 그룹으로 하는 수업보다는 1:1 전화영어나 화상 영어가 효과적입니다. 대부분의 학습은 조용한 도서관에서 혼자서 공부하는 것이 편안합니다. 또는 동영상 강의를 듣고 스스로 정리하는 공부 방법이 좋습니다. 그러나 미루는 습관과 꾸준함과 끈기가 부족하므로 같이 서로를 독려할 수 있는 파트너와 계획을 세워서 서로를 피드백했으면 좋겠습니다. 단어나 문법을 먼저 공부해서 충분한 자신감을 갖는 것이 필요합니다. 강요를 싫어하므로 스스로 느껴서 선택할 수 있게 하며, 쉬운 것부터 차근차근 공부하면서 반복을 통해 자신감과 흥미를 가지고 스스로 할 수 있게 지도해 주셨으면 좋겠습니다.

ENFJ 초등학교 영어 교사 영어를 학습할 때 인터넷 강의를 듣는 방법은 혼자는 외롭고 재미가 없어서 수업 중 딴 생각을 많이 하여 실패했습니다. 혼자 반복하는 학습보다는 재미있는 공부가 더 좋습니다. 친한 원어민 친구에게 편지를 쓰거나 친하게 지내면서 서로의 감정을 공유하면 공부는 저절로 됩니다. 편지보다는 직접 대면을 하고 말할 때 더욱 공부를 잘하게 됩니다. 친구와 말하고 싶어서 영어 공부를 하게 됩니다. 미리 미리 계획을 세워서 공부하는 편입니다. 그러나 갑자기 계획이 바뀌게 되면 당황스럽습니다. 영어를 가르칠 때 저는 원어민 교사와 팀티칭을 하는데 싫어하는 교사와는

영어공부, 성격대로 해라

수업이 잘 안되곤 합니다. 좋은 선생님과 함께 하는 것이 가장 중요하다고 생각합니다. 수업하는 중에도 갑자기 생각나는 것이 있어서 수업 내용을 바꾸기도 합니다. 수업을 준비할 때보다도 수업을 할 때 오히려 탁월한 능력을 발휘하는 것 같습니다. 엉뚱한 상상력을 발휘하여 수업을 하기도 합니다. 또한 수업 중에도 엉뚱한 곳으로 빠지기도 합니다. 이상적인 수업을 위해서 하지 않아도 될 잡일들을 스스로 만들어서 하다 보니 늘 일이 많습니다.

ISFP vs. ENTJ

 ISFP 춤과 노래를 잘하는 마이클 잭슨

"I am normally shy. But once I get up on stage, I take control of my-self. Being onstage is magic. There is nothing like it."

"나는 평소에 수줍음이 많은 사람이다. 그러나 일단 무대 위에 올라가면 나는 달라진다. 무대에 있는 것은 마치 마술과 같다. 그처럼 좋은 것이 없다."

– 마이클 잭슨

마이클 잭슨은 어린 시절 아버지에게 학대를 받았었다. 그러나 그런 아버지를 용서했다고 고백했다. 이런 어린 시절의 상처와 아픔을 음악으로 승화시켰다. 뛰어 놀아야 할 5세 때 부른 〈I'll be there〉를 성인이 되어서 5세의 자신과 함께 부른 뮤직비디오는 참 인상적이다. 잭슨의 다섯 형제는 〈Jackson 5〉라는 그룹으로 활동해서 어린이 스타가 되었고, 1970년대

마이클 잭슨
(Michael Jackson, 1958–2009,
향년 50세 미국)

초부터 80년대까지 큰 인기를 누린 미국의 가수이자 댄서이다. 그의 곡 중 〈You are not alone〉과 〈Childhood〉는 위로와 자전적 내용을 가사로 담고 있어서 필자는 영어 음악 치료를 할 때 자주 사용한다.

ENTJ 강력한 카리스마의 마가렛 대처

"When you fight, fight to win."
"당신이 싸운다면 이기기 위해서 싸워라."

– 마가렛 대처

마가렛 대처는 영국 제52대 총리를 지 냈다. 식료품점 주인의 둘째 딸로 태어난 평범한 여성이었으나 옥스퍼드 대학교 화 학과를 졸업했고, 독학으로 29세에 변호 사 시험에 합격했다. 1959년 보수당 하원 의원으로 정계에 입문하여 1970년 교육 부 장관으로 임명, 1975년 보수당의 첫 여 성 당수, 1979년에 첫 여성 총리로서 11년 간 재임했다. 정치적으로 반공주의가 철 저했, 사회·경제적 개혁정책과 의식개혁으로 '철의 여인'이라 불린다.

마가렛 대처
(Margaret Thatcher, 1925–2013,
향년 87세 영국)

예술적 재능과 끼가 다분한 마이클 잭슨에게 변호사 공부를 하라고 하고, 추진력 있고 리더십 강한 마가렛 대처에게 가정주부나 가수가 되라고 했다면 둘은 잘해낼 수 있었을까요?

사람의 인생은 종류가 다른 꽃과 같아서 각자 꽃 피는 시기, 열매 맺 는 시기 등이 모두 다릅니다. 그러니 남과 비교할 필요도, 남을 따라할 이유도 없고 남보다 늦다고 낙심할 것도 없습니다. 그저 자기 자신의 길을 성실히 가다 보면 때가 되어 꽃이 피고 열매 맺을 것입니다.

ISFP – 성인군자형

모든 유형 중에서 가장 겸손하고 따뜻하기 때문에 성인군자라는 별명이 있다. 겸손하다는 것의 이면에는 자신감이 없다는 것을 뜻하기도 한다. ISFP는 자신을 실제보다 과소평가하고 있다는 것을 깨닫고, 영어 학습에 자신감을 갖는 것이 무엇보다도 중요하다.

자신을 잘 나타내는 표현(김정택·심혜숙, 2007)

친절하다, 사려 깊다, 공감·이해·존중, 낙천적, 따뜻한 사람, 한가로움과 여유, 정에 이끌림

장점 살리기

- 시기적절한 언행을 알고 있고 조화를 이끌어낸다.
- 살아있는 모든 것의 가치를 알고 있다.
- 즐겁고 친절한 태도를 소유한 좋은 모델이 된다.
- 색, 형태, 질감, 조화와 같은 예술적 감각에 가치를 둔다.
- 겸손한 태도로 열의와 관대함을 보이며 타인과 협력한다.
- 영어의 읽기나 쓰기부터 시작해서 자신감을 얻은 후 말하기로 확장하는 것이 효과적이다.
- 자신이 생각하는 것보다 자신이 더 크고, 능력이 있다는 것을 믿고 자신감을 향상시키는 훈련을 한다.

02 ENTJ – 지도자형

ENTJ는 타고난 카리스마로 언제 어디서나 탁월한 리더로서 역할을 하기 때문에 지도자라는 별명이 붙었다.

자신을 잘 나타내는 표현(김정택·심혜숙, 2007)

준비 철저, 빠른 판단과 결정, 추진력이 있고 적극적으로 주도한다, 나는 세상의 중심!, 논리로 상대방을 굴복시킨다, 끝장 토론

장점 살리기

- 계획한 바를 실현하기 위해 총지휘하는 역할에 탁월하다.
- 시스템의 관점에서 상황에 영향을 주는 모든 요소를 탐색한다.
- 결점을 찾아서 제거하면 이룰 수 있는 것에 집중한다.
- 기꺼이 책임을 맡고, 문제를 직접적으로 처리한다.
- 영어의 말하기부터 시작해서 쓰기로 확장해 나가는 것이 효과적이고 보통 자신에게 최적의 학습전략을 스스로 잘 알고 있다. 따라서 도움이 되는 정보 제공만 하는 것이 효과적이다.
- 요구하거나 묻지 않았는데 구체적인 방법을 자세히 알려주는 것은 비효과적일 가능성이 높다.
- ENTJ 교사라면 수업이 일방적이고 빠를 수 있다. 학생들의 말을 경청하고 반응과 대답을 기다려주는 훈련이 필요하다.

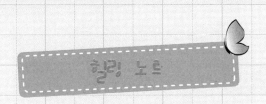

ISFP 학습자 저는 너무 소심하고 자신감이 없어요. 지금 영어를 공부하고 있지만 무엇을 하며 살아야 할지 막막합니다.

자신감 있는 ISFP는 실제로 뭐든지 조금만 배우면 금방 적응해서 다 할 수 있을 것 같다고 대답합니다. 자신감 없는 ISFP에겐 멘토가 절실하게 필요해요. 자신을 이끌어주고, 방향을 제시해 주는 멘토에게 도움을 받으면서 하다가 점점 조금씩 스스로 공부하는 힘을 길러 독립해가는 과정이 필요합니다. 지금 시작한 영어 공부를 포기하지 않고 마무리하는 것이 중요합니다. 자신감을 주는 영어 독서 치료를 권하고 싶습니다. 그 소심함의 뿌리를 찾아서 자신 안의 불안함을 먼저 다뤄주세요.

ENTJ 중학교 영어 교사 임용고시에 합격해서 발령을 받아 중학교 영어 교사로 일하고 있어요. 저는 고등학생의 입시영어를 전략적으로 가르치고 싶었는데 중학생을 맡게 되어 어떻게 해야 할지 막막합니다.

ENTJ는 타고난 전략가라서 아마 몇 달 지나면 스스로 방법을 찾게 되실테니 너무 조급하게 생각하지 않으셨으면 좋겠네요. 지식을 전달하는 데 익숙한 ENTJ에게 중학생은 보살핌이 더 크게 요구되니까 처음에는 어려울 수 있어요. 그러나 자신에게는 ISFP의 모습도 있답니다. 35세가 지나면 무의식에 있는 ISFP를 조금씩 꺼내 쓸 수 있어요. 아이들에게 최대한 미소 지으며 천천히 부드럽게 말하고 수업 속도를 늦추고 기준을 낮춰주세요. 본인에게 이 상황을 감당할 능력이 충분히 있으니 자신의 직관을 따라가시길 바랍니다.

ISFP 남성 학습자 학창 시절 영어 선생님의 갑작스런 질문이
나 앞에 나가서 답을 적어야 하는 활동 등은 아주 큰 스트레스가
되었고, 지금까지 영어를 기피하는 이유가 되었습니다. 저에게 맞는 영어 학습
방법을 이제야 알게 된 사실이 많이 안타깝습니다. 저는 드림 걸즈나 맘마미아
같이 음악이 함께 있는 영화를 보는 것을 무척 좋아하고, 여러 번 반복해서 보는
편입니다. 그러다 보니 어느 순간 노래도 외우고, 대사들도 들리게 되는 것을 느
꼈습니다. 이것이 저에게 맞는 학습 방법이라는 것을 알게 되어서 기쁩니다. 앞
으로도 제가 좋아하는 팝송 등을 통해서 영어 공부를 즐겁게 하고 싶습니다.

ENTJ 여성 학습자 저는 늘 "여자애가 성질이 있고, 따지는 것
을 좋아해서 어떻하냐"는 가족의 걱정을 들으면서 살아왔습니다. MBTI를 알고
난 후, 그것이 저의 장점이라는 것을 알게 되었습니다. 논리적이고 추진력이 있
고, 강한 카리스마를 갖고 있는 저 자신을 다시 보게 되었습니다. 영어 학습을 위
해 외국에 연수를 갔는데, 전략적으로 미리 준비하고 갔기 때문에 많은 도움이
되었습니다. 말하는 것을 좋아해서 한국인이 없는 지역을 선택했기 때문에 영어
를 실컷 말할 기회가 있었고, 혼자 있을 때는 재미있는 영어 드라마를 보면서 늘
영어 환경 속에 저를 노출시켰습니다. 그러나 영어 쓰기에는 약했습니다. 쓰는
것보다는 말하는 것을 훨씬 더 좋아하기 때문입니다. 그래서 나에게 최적의 방

영어공부, 성격대로 해라

법인 스터디로 영어 쓰기를 공부해서 지금은 공인 영어 쓰기 시험 성적을 올려놓았습니다. 한국에서는 제가 주도하고, 목표가 뚜렷하며 전략적인 스터디를 활용하는 것이 가장 효과적인 영어 학습 방법입니다.

INTP vs. ESFJ

천재 과학자 아인슈타인과 토크쇼의 제왕 래리 킹

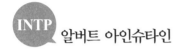 **알버트 아인슈타인**

논리적인 과학자

"To punish me for my contempt for authority, fate made me an authority myself."

"내 권위에 대한 경멸이 나를 벌주기 위해 운명은 나 자신이 권위가 되도록 했다."

– 알버트 아인슈타인

독일의 유명한 물리학자physicist인 아인슈타인은 1984년 뮌헨의 김나지움에 입학했지만 주입식 교육에 염증을 느껴서 자퇴를 한다. 스위스의 작은 규모의 학교는 그에게 맞는 교육 철학을 갖고 있었기에 공부를 계속하여 원하는 대학에 입학할 수 있었다. 대학 성적은 좋아하는 과목은 A를 받았지만 관심 없는 과목은 공부하

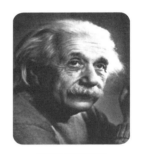

알버트 아인슈타인
(Albert Einstein, 1879~1955,
향년 76세 독일)

지 않아서 성적도 낮았다. 그를 가르친 대학 교수도 아인슈타인이 이렇게 천재인줄 전혀 몰랐다고 고백했다. 후에 그는 일반 상대성 이론으로 물리학에 지대한 영향을 미쳤고 1921년 노벨 물리학상을 수상했다.

영어공부, 성격대로 해라

래리 킹

따뜻한 토크쇼 진행자

"Occasionally someone on my staff will call me 'boss'. That makes me cringe. I just happen to be the host. We all work together."

"어떤 스태프는 종종 나를 '보스'라고 부른다. 그것은 나를 위축되게 만든다. 나는 그저 사회자일뿐이다. 일은 우리 모두가 함께 하는 것이다."

– 래리 킹

래리 킹은 여섯 살 때부터 방송인이 꿈이었다. 어린 나이부터 자신에게 적합한 진로를 찾았던 것이다. 그는 그의 꿈대로 CNN의 간판스타 아나운서로 활약했다. 〈Larry King Live〉라는 프로그램을 1985년부터 2010년까지 25년 동안 진행했다. 여든이 넘은 나이에도 미국의 토크쇼 사회자이자 작가로 활발히 활동하고 있다. 저서로는 《훌륭한 의사소통의 비밀The Secrets of Good Communication》 등이 있다.

래리 킹
(Larry King, 1933~, 미국, 방송인)

"사람은 누구나 천재다. 하지만 나무에 기어오르는 능력으로 물고기를 판단한다면 물고기는 스스로 바보라고 여길 것이다."

– 알버트 아인슈타인

INTP – 아이디어 뱅크형

INTP는 아이디어가 무궁구진해서 아이디어 뱅크라는 별명이 있다. 그러나 아이디어 자체에 만족을 하고 현실 세계와의 접목이나 실천에는 무관심한 경우가 많아서 자신의 관심 분야 아이디어가 현실 세계에서 어떻게 접목되고 있는지 확인하는 진로 코칭을 잘 해줘야 아마추어에 머물지 않고 자신의 적성 분야 전문가로서 빛을 발휘할 수 있다.

자신을 잘 나타내는 표현(김정택·심혜숙, 2007)

자기 이야기나 생각을 말하는 것을 싫어한다, 내 방식대로 하게 내버려 두세요, 독특하고 엉뚱하다, 내면적 주관 세계가 강하다, 4차원

장점 살리기

- 전략가 중의 전략가로 자신만의 영어학습전략이 있을 가능성이 높다.
- 사고와 언어 분야에서 가장 정밀하기 때문에 불일치를 즉각 파악한다. 따라서 이들의 질문에 논리적으로 대답해 줘야 한다.
- 문법이나 읽기, 쓰기 부분에 강하기 때문에 이쪽을 먼저 확립 후 말하기로 확대해 나가는 것이 이상적이다.
- 간섭 받는 것을 매우 싫어하기 때문에 INTP 학생이 요청하지 않는다면 조언이나 설명을 하지 않는 것이 좋다.

02 ESFJ – 친선도모형

ESFJ는 모임에서 총무 역할에 제격이다. 사람들을 잘 조직하고, 관리를 잘하며, 관계를 잘맺기 때문에 친선도모자라는 별명이 붙는다.

자신을 잘 나타내는 표현(김정택·심혜숙, 2007)

베푸는 자에게 복이 있다, 세상에 공짜는 없다, 인정 많고 남을 쉽게 믿는다, 고개를 잘 끄덕이고 반응을 잘 해주는 사람들, 강한 책임감과 성실함, 겉으론 웃고 있어도 속으로는 상처 받아서 울고 있다.

장점 살리기

- 사람들의 요구에 지속적으로 주의 깊게 배려한다.
- 사람과 조직에 책임감을 갖고 충성하며 팀의 커뮤니케이션에 능하다.
- 조화로운 방법과 온화함 그리고 실제적인 인정을 제공한다.
- 모두가 적응할 수 있도록 돕고, 합의를 이끌어내기 위해 노력한다.
- 체계적이고 단계적인 수업 내용과 지지적인 분위기에서 친근한 사람들과 함께 공부할 때 효과적이다.
- ESFJ에게는 교사가 자주 미소를 지어주는 것이 좋다. 과제는 자세하고 구체적으로 설명하고 예시를 들어주는 것이 좋다.

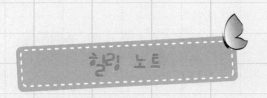

힐링 노트

ESFJ 어머니 아이가 제 말을 도대체 듣지 않아서 눈물로 호소했는데도 전혀 소용이 없어요.

INTP 자녀 어머니의 지나친 간섭이 귀찮고 불쾌하기까지 합니다. 왜 우시는지도 모르겠어요.

제게 가장 많이 상담받으러 오는 유형이 INTP예요. 공교롭게도 어머니는 아드님과 완전히 반대유형이시네요. 어머니 입장에서는 사랑이지만 아드님 입장에서는 독으로 변할 수 있습니다. 자녀에 대해 배우실 필요가 있어요.

ESFJ는 자신이 옳다는 생각을 갖고 있어서 사소한 것까지 자신의 '옳은' 방법에 맞추도록 자녀분을 가르치려 들죠. 그러나 INTP는 모든 유형 중에서 잔소리와 간섭을 가장 싫어해요. 내버려 두시면 알아서 잘할 겁니다. 정말 꼭 고쳐야 하는 부분이 있다면 어머니께서 직접 고쳐주려 하지 마시고 전문가를 만나서 조언을 듣도록 해주세요.

INTP는 논리적이고 합리적인 설명에 납득이 가면 따릅니다. INTP는 감정 교류나 감정형의 마음을 이해하는 것이 약할 수 있어요. 매니아적인 성향이 있어서 자신이 관심 있는 분야에 있어서는 전문가다운 식견이 있을 겁니다. 어머니는 아드님의 이런 창의적인 아이디어 발상이나 관심 분야를 깊이 있게 연구하는 부분을 높이 평가하고 인정해 주세요.

아이를 고치려고 하는 노력이 오히려 아드님과의 관계만 악화시킬 수 있습니다. 아드님을 믿고 완전한 하나의 인격체로 존중해 주세요. 상하관계가 아니라 수평적 관계에서 대하려고 노력하다 보면 소통이 되는 체험을 하실 겁니다.

INTP 학습자 저는 싫으면 안 하는 성격 때문에 영어를 아예 들여다 보지도 않았습니다. 제가 영어를 싫어하게 된 이유는 주입식 교육의 무조건적인 반복이 싫었습니다. 반복을 하면 집중력이 현저히 떨어졌습니다. 만일 선생님께서 저의 유형을 알고 제게 맞는 수업을 해주셨더라면 이렇게 후회하진 않았을 것입니다.

저에게 가장 좋은 영어 학습 방법은 조용한 곳에서 혼자 공부해야 열등감이 생기지 않고 마음의 안정이 생깁니다. 그러나 공상에 빠져서 집중을 못하는 경우가 종종 있습니다. 따라서 실력 있는 선생님께 1대 1로 오래 수업을 받고 싶습니다. 또는 소수의 토론식 수업도 좋아합니다. 전체 흐름을 파악 후 학습하길 원하기 때문에 마인드 맵 등이 효과적입니다.

저의 단점은 일단 이해를 하면 복습을 안 하는 것입니다. 그래서 최대한 짧고 핵심만 짚어서 제게 필요한 정보만 논리적으로 제공해주는 선생님께 영어를 배우고 싶습니다. 제게 참신한 이론과 무한한 배경지식으로 늘 새로운 방식으로 복습해주시는 선생님이 계시다면 좋겠습니다.

영어공부, 성격대로 해라

ESFJ 학습자 저는 친구들과 단체 수업을 해야 집중도가 높아집니다. 발표 수업을 좋아해서 공부하는 친구끼리 모르는 것을 서로 알려주면서 공부하고 싶습니다. 그러나 혼자 정리하는 시간도 필요합니다. 과제나 정기적인 단어시험이 제게는 도움이 됩니다. 미리 집에서 예습이나 복습을 하기 때문입니다. 구체적으로 설명을 해주시는 계획이고 체계적인 선생님께 배울 때 안정감을 느끼고, 선생님의 수업 방식보다는 나에게 대하는 태도를 가지고 선생님을 평가하는 편입니다. 칭찬을 많이 해주시고 목표를 뚜렷이 주시면 열심히 공부합니다.

INFP vs. ESTJ

소설가 조지 오웰과 자동차 사업가 헨리 포드

 조지 오웰

타고난 작가

"I had the lonely child's habit of making up stories and holding conversations with imaginary persons."

"나는 이야기를 만들어서 상상 속의 사람들과 대화하는 외로운 아이의 습관을 갖고 있었다."

– 조지 오웰

조지 오웰은 인도에서 영국 세관원의 아들로 태어났다. 1927년 경찰이었으나 당시 경찰 경험은 그로 하여금 일생 동안 죄책감을 갖게 했기 때문에 성격에 맞지 않아서 사임했다. 그 이후 문학 수업을 받기 위해 런던을 거쳐 파리로 갔고, 1933년부터 작가활동을 시작했다. 1945년 《동물 농장Animal Farm》, 1949년 《1984》 등 진실하고 허위와 비리를 폭로하는 작품을 선보인 소설가였다.

조지 오웰
(George Orwell, 1903~1950, 영국)

헨리 포드
성공한 사업가

"Results… always come if you work hard enough. It is not the employer who pays wages he only handles the money. It is the product that pays wages."

"결과들은 항상 당신이 충분히 열심히 일할 때에만 온다. 당신의 월급을 주는 것은 사장이 아니다. 당신이 열심히 일한 결과물인 상품이 당신의 월급을 준다."

– 헨리 포드

헨리 포드는 어려서부터 기계적인 장치에 재능을 보였다. 합리적이고 체계적인 경영방식을 도입하여 미국 최대의 자동차 제조업체를 키웠다. 유명한 포드 자동차 회사 창업인이자 성공한 기업가로 당대 자동차 업계의 지도자 역할을 했다. 그의 리더십은 독재와 권위를 바탕으로 한 것이었다.

헨리 포드
(Henry Ford, 1863–1947, 미국)

온화하고 자신만의 상상 세계에서 풍성한 내면 체험을 하는 유형인 조지 오웰은 성격과 맞지 않는 경찰을 했다가 평생 죄책감을 느끼는 상처를 입고 그만두었습니다. 다행히 자신의 재능을 살려 진로를 바꿔서 작가로 성공했습니다. 여러분은 자신의 성격과 적성에 맞는 일을 찾으셨나요? 지금 하고 있는 일이나 공부는 정말 하고 싶었던 것인가요?

INFP – 잔다르크형

INFP는 내면의 가치에 무한한 존중심을 갖고 있다. 늘 이상적인 것을 추구하고, 이상적인 대의명분을 위해서 큰 희생을 기꺼이 치르기 때문에 잔 다르크라는 별명을 갖게 되었다.

자신을 잘 나타내는 표현(김정택·심혜숙, 2007)

자유로움, 풍성함, 현실감각은 없고 이상은 높다, 직관을 믿는다, 똥고집, 공감과 이해

장점 살리기

- 사람들과 조직을 격려하여 행동하게 한다.
- 강력한 반대가 있어도 자신의 가치와 신념을 확고하게 지킨다.
- 인간의 열망과 목표를 창의적으로 일깨워준다.
- 연민, 배려, 조화를 중요시한다.
- 따뜻한 INFP는 영어권 문화 지도, 영문학 소설 수업, 영어 영화·드라마를 활용하는 방법 등이 효과적이다.

영어공부, 성격대로 해라

02 ESTJ – 사업가형

ESTJ는 현실적이고 능력 있는 지도자 역할을 잘 소화하기에 사업가라는 별명이 붙었다.

자신을 잘 나타내는 표현(김정택·심혜숙, 2007)

속이 다 보인다, 에너지가 넘쳐서 실행력과 추진력이 뛰어나다, 성격이 급하다, 눈으로 보지 않으면 믿지 않는다, 불편하면 상황을 고친다, 단계적이고 체계적이다.

장점 살리기

- 일의 수행을 위해 사람, 물건, 조직을 총동원한다.
- 체계와 방향 그리고 명료한 목표를 제시한다.
- 제대로 학습하고 있는지, 결과물이 나오고 있는지 지속적으로 확인한다.
- 문제를 미리 발견하고 수정하는 능력이 뛰어나다.
- 교사의 스타일을 파악해서 전략적으로 열심히 학습하기 때문에 한국의 고등학교 현황에서 효율적인 학습을 할 수 있는 장점을 갖고 있다.

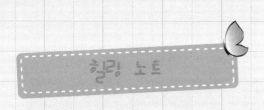

INFP 학생 외국 영화랑 해외여행을 좋아해서 영문학과에 입학했습니다. 조지 오웰처럼 자신의 성격유형에 맞지 않는 직업을 선택할까봐 두렵습니다.

INFP는 한국에서 약 4%이고 미국도 4~5% 정도 됩니다. 이런 소수의 INFP는 미국의 직업통계를 보면 75%가 상담심리나 교육쪽에 편중되어 있습니다. 그만큼 자신과 타인의 자아성찰이나 내적 성장에 관심이 많습니다. 외국 영화와 해외여행을 좋아한다면 조지 오웰처럼 작가로서 여행작가나 영화평론가 등 글쓰기와 연관된 진로도 고려해 보시기 바랍니다. 성격과 직업은 관련성이 많지만 직업을 찾기 위해서는 추가적인 검사가 더 필요합니다. www.career.go.kr에 가시면 진로심리검사를 무료로 할 수 있습니다. 진로검사 결과를 가지고 저와 한 번 더 만나서 진로 코칭을 받아보세요.

ESTJ 영어 강사 저는 전화영어 강사에요. 어느날 학생이 저에게 컴플레인을 했는데, 제가 자신의 말을 가로채고 제 얘기만 하고 학생에게 말하기 연습할 기회를 주지 않는다고 강사를 바꿔달라고 했대요.

전화영어로 회화연습, 즉흥적으로 말하기 연습을 하기 위해서 수강하는 학생이었군요. ESTJ가 늘 조심해야 할 것은 성급하게 판단하느라 상대방의 말을 끝까지 경청하지 못한다는 것입니다. 대중 앞에서 강의하는 쪽이 더 잘 맞지만 말하기 학습을 하는 학생을 위해 들어줘야 하는 역할을 해야 한다면 경청하는 연습과 훈련을 할 수 있는 좋은 경험이 되실 겁니다. 잘못 말한 부분을 교정해주는 역할이 장점이나 이 직업을 통해 단점을 보완하고 장점을 부각시킬 수 있는 기회로 활용하시기 바랍니다.

INFP 학습자 저는 중학교 때 선생님이 영어 교과서를 읽게 하고, 잘못 읽으면 창피 주고 서 있게 해서 무척 당황스러웠고, 그 시간을 피하고 싶었습니다. 이것은 제가 내향적이기 때문에 가장 최악의 방법이었습니다. 성격에 맞는 영어 교수 학습법은 참 흥미로운 강의입니다. 성격과 영어 학습을 연결하는 발상이 창의적이고 좋았습니다. 각 성격유형별로 최적의 학습 전략이 있지만, 진심이 최고의 전략이고, 진정성이 최고이며, 열성과 열의가 무엇보다도 중요하다고 생각합니다. 머리만 키우는 학습이 아니라 마음을 키우는 학습, 전인 교육을 목적으로 하는 영어 학습이 최고라고 생각합니다.

ESTJ 학습자 저는 대부분의 선생님 파악을 잘 해서 전략적으로 공부를 하는 편인데, 대학 때 영문학 수업을 들었을 때 INFP 교수님께서 "너의 마음이 이끄는 대로 마음껏 글을 써 오렴"하고 과제를 내주셨을 때 울었던 기억이 납니다. 무엇을 어떻게 과제를 작성해야 하는지 구체적인 가이드라인이 필요한데, 제 마음대로 글을 쓰라고 하셔서 난감했었습니다. 이제 보니 그 교수님과 저의 성격유형이 반대였습니다.

영어공부, 성격대로 해라

부 록

〈성격유형별 선호 영어 영상자료〉

〈성격유형별 효과적인 영어 학습법〉

〈사군자 기질과 영어 교육〉
(한국기질연구소 http://www.gijil.com)

〈MBTI와 DISC〉

성격유형별 선호 영어 영상자료

최영임과 조세경(2015)은 2012년 676명의 대학생들을 대상으로 선호하는 영어 영상자료를 조사하여 다음과 같은 결과를 얻었다. 아래의 자료는 해당 유형의 학습자에게 영어 자료를 추천할 때 유용하게 활용될 것이다.

ISTJ와 ENFP의 선호 자료

ISTJ 학습자는 선호 영상자료에 대한 의견을 묻는 질문에 "잘 모르겠다."는 대답을 주로 했다. 그 이유는 이미 정해진 학습을 선호하기 때문에 교사가 추천하거나 수업시간에 다룬 것 이외에 자신이 새로운 것을 찾아서 영상을 보는 경우가 드물기 때문이다.

ENFP 학습자는 〈Heros〉(초능력자), 〈Super Natural〉(퇴마사), 〈Doctor Who〉(시간여행), 〈Harry Potter〉(판타지), 〈Grimm〉(퇴마사) 같은 상상력을 자극하는 내용의 자료와 〈Glee〉, 〈Skins〉, 〈High school Musical〉 같은 성장 스토리를 선호했다.

ISTJ와 ENFP 멀티미디어 자료의 선호도 차이

	ISTJ	ENFP
선호	현실적인 내용 악당이 벌 받는 내용	초능력, 퇴마사, 판타지, 시간여행 등 상상의 내용
비선호	초능력, 퇴마사, 판타지, 시간여행 등 상상의 내용	구체적이고 자세한 일상
온라인과 오프라인 선호도	온라인 방식 선호	오프라인 방식 선호

성격유형별 선호 영어 영상자료

ISFJ와 ENTP의 선호 자료

ISFJ 학습자는 실화를 바탕으로 한 감동적인 내용을 선호한다. 〈The Walk-ing Dead〉(좀비)를 선호하는 이유에 대해 인간적인 스토리와 관계의 갈등과 해결을 다룬 것이라고 답했다. 〈Taken〉(부성애), 〈High School Musical〉(우정), 〈The Devil Wears Prada〉(사랑과 우정) 등을 선택하였고 그 이유는 가족과 친구 등의 사랑과 우정 때문이라고 답해 인간관계와 관련된 내용을 좋아하는 것으로 드러났다.

ENTP 학습자는 애니메이션 〈The Simpsons〉를 선호하는 이유로는 사회 비판적인 부분 때문이라고 답해 사회구조를 다룬 거시적인 문제에 대한 관심을 시사했다. 〈Doctor Who〉(시간여행)는 상상력을 자극하기 때문이고, 《CSI》(의학 범죄 추리)는 극적이고 자극적이라 선호한다고 답했다. ENTP가 소수이고 지적인 내용을 선호하기 때문에 영화, 애니메이션, 드라마를 선택한 비율이 비교적 낮았다.

ISFJ와 ENTP 멀티미디어 자료의 선호도 차이

	ISFJ	ENTP
선호	가족애, 우정 등 일상적인 인간관계의 사랑	사회 비판, 범죄 추리, 지적 자극과 상상의 내용
비선호	지적 자극과 상상의 내용	가족애, 우정 등 일상적인 인간관계의 사랑
온라인과 오프라인 선호도	온라인 방식 선호	오프라인 방식 선호

성격유형별 선호 영어 영상자료

INTJ와 ESFP의 선호 자료

　INTJ 학습자는 〈Sherlock〉(추리물)과 〈The Dark Knight〉(배트맨 시리즈, 조커의 매력), 〈The Big Bang Theory〉(공학도의 대학생활), 〈CSI〉(과학적 증거 분석)로 나타났다. 이로써 객관적이고 논리적인 내용의 전개를 선호함을 알 수 있었다. 반면 멜로나 로맨스, 코믹류의 내용은 좋아하지 않는다고 대답했다.

　ESFP 학습자는 선호 자료로 애니메이션 장르를 많이 선택했다. 〈The Simpsons〉, 〈Kung Fu Panda〉(코믹 액션), 〈Ice Age〉(코믹), 〈Futurama〉(미래로 간 청년)를 선택해 활동적인 코믹류를 선호하는 것으로 나타났다. 로맨스를 그린 〈If Only〉, 〈Taken〉의 짜릿한 스릴과 부성애의 내용이 좋다고 선택했다. 대체적으로 로맨스 코미디 장르를 선호하는 반면 지적으로 도움이 되는 복잡한 분석과 객관적 데이터를 근거한 내용에는 흥미를 느끼지 못한다고 답했다.

INTJ와 ESFP 멀티미디어 자료의 선호도 차이

	INTJ	ESFP
선호	객관적이고 논리적인 내용	멜로, 로맨스, 코믹
비선호	멜로, 로맨스, 코믹	객관적이고 논리적인 내용
온라인과 오프라인 선호도	온라인 방식 선호	오프라인 방식 선호

성격유형별 선호 영어 영상자료

INFJ와 ESTP의 선호 자료

INFJ 학습자는 〈Harry Potter〉를 선택해 상상력을 자극하는 학습 자료를 선호함을 알 수 있었다. 〈The Walking Dead〉를 선택한 이유에 대해서는 심리를 잘 표현했기 때문이라고 대답했다. ISFJ 학습자도 〈The Walking Dead〉에 흥미를 느낀다고 대답하였으나, 그 이유는 공동체의 사랑과 가족애 때문이라고 답했다. 따라서 같은 드라마를 선호하지만 성격유형에 따라 그 이유가 다르다는 것을 알 수 있었다. 〈The Devil Wears Prada〉를 좋아하는 이유를 묻자 주인공인 안드리아의 심리적 변화와 성장을 지켜보는 것이 인상적이라고 대답했다. 이 역시 ISFJ 학습자가 〈The Devil Wears Prada〉를 선호하는 이유로 인간관계인 우정과 사랑이라고 답한 것과 차이가 있었다. 이로써 INFJ 학습자는 상상력을 자극하고, 의미 있고 심리와 성장에 초점을 맞춘 인간애적인 내용의 멀티미디어 자료를 선호한다는 결론을 내릴 수 있었다.

ESTP 학습자는 자극적이고 드라마틱한 〈Frison Break〉(수감자), 〈CSI〉(과학수사대), 빠르게 화면이 진행되는 영화 〈Mission Impossible〉, 실화를 바탕으로 한 희대의 사기꾼 〈Catch me if you can〉, 노래가 흥겨워서 〈Mamma Mia〉 등 매우 다양한 자료를 선호했다. 코믹 애니메이션인 〈Kung Fu Fanda〉, 〈Ice Age〉, 〈Sponge Bob〉 등 매우 다양한 자료를 언급했다. 선택한 영상을 종합해 보면 코믹, 액션, 추리 등 흥미롭고 빠르게 전개되는 영상을 선호하는 것으로 나타났다. INFJ가 선호하는 인류애와 관련된 자료에는 선호하지 않는다고 답하였다.

INFJ와 ESTP 멀티미디어 자료의 선호도 차이

	INFJ	ESTP
선호	심리와 자아 성장, 인류애, 상상의 내용	액션, 코믹, 추리
비선호	의미 없고 잔인한 액션	자아 성장, 인류애
온라인과 오프라인 선호도	온라인 방식 선호	오프라인 방식 선호

ISTP와 ENFJ의 선호 자료

ISTP 학습자는 〈Modern Family〉(코믹 가족 드라마), 〈CSI〉(추리가 흥미진진), 〈Gossip Girl〉 6명, 〈The Dark Knight〉, 〈Shorlock〉, 〈The Simpsons〉, 영화로는 〈Six Sense〉를 선택했다. 이를 종합해 보면 세부적 사실들을 논리적으로 전개하는 내용과 코믹류, 흥미를 자극하는 자료를 선호하는 것으로 결론 내릴 수 있겠다.

ENFJ 학습자는 상상력을 자극하는 〈Doctor Who〉(시간여행), 〈Grimm〉(퇴마사), 감동적인 성장 스토리인 〈Glee〉, 교사와 시각장애인 학생과의 관계를 그린 영화 〈Black〉을 선택했다. 인간적 감동을 주는 의미 있는 스토리를 선호하였다. 주로 가르치면서 배우는 방식을 좋아했다.

ISTP와 ENFJ 멀티미디어 자료의 선호도 차이

	ISTP	ENFJ
선호	세부 사실의 논리적 전개 코믹, 흥미 자극	인간적인 감동 스토리
비선호	인간적인 감동 스토리	세부 사실의 논리적 전개
온라인과 오프라인 선호도	온라인 방식 선호	오프라인 방식 선호

성격유형별 선호 영어 영상자료

ISFP와 ENTJ의 선호 자료

　ISFP 학습자는 선택한 드라마와 영화, 애니메이션의 종류도 상당히 많았다. 드라마 분야에서 가장 많이 선택한 것은 〈Prison Break〉(액션 스릴러), 〈CSI〉(과학 수사), 〈House〉(의학)순으로 나타났고, 그 외에 〈Modern Family〉(코믹 가족), 〈Friends〉(코믹 우정) 등의 코믹류와 〈Gossip Girl〉(학생 가십) 등 로맨스와 가십 스토리를 선택했다. ISFP 학생들은 로맨틱 코미디류를 좋아한다고 답했다. 영화에서는 〈Twilight〉, 가족애에 감동받은 〈Taken〉, 〈If Only〉(감동적인 로맨스)로 인간애를 다룬 부분을 선택했다. 애니메이션 〈The Simpsons〉, 코믹 만화류인 〈Sponge Bob〉, 〈Ice Age〉, 〈Tangled〉, 〈Shrek〉을 선택하여 재미와 감동을 주는 내용을 선호하는 것으로 나타났다.

　ENTJ 학습자는 판타지를 좋아하지만 아동들이 주인공인 Harry Potter 보다는 성인이 주인공인 판타지 Heros를 더 선호했다. 선호 영화로는 〈Brave Heart〉(지배자에 저항하는 반란군의 내용), 〈Beautiful Mind〉(정신분열을 극복하고 노벨상을 수상한 학자의 실화), 〈The Shawshank Redemption〉(탈옥수 이야기)를 선택했다. ISFP 학습자가 흥미와 재미를 위해 영상을 선택했다면 ENTJ 학습자는 학구적인 목적을 가지고, 드라마의 대사를 보더라도 문장구조를 이해하려는 뚜렷한 목표의식이 있었다. 영화의 주인공이 분명한 신념을 가지고 영향력을 주는 내용, 불의와 타협하지 않고 끝까지 자신의 주장을 펼쳐 나가는 내용을 선호했다.

ISFP와 ENTJ 멀티미디어 자료의 선호도 차이

	ISFJ	ENTP
선호	로맨스, 가십, 코믹 등 다양한 분야 선호	불의에 저항하는 내용 강한 신념으로 영향력 행사
비선호	재미없는 학구적인 내용	로맨스, 가십
온라인과 오프라인 선호도	온라인 방식 선호	오프라인 방식 선호

INFP와 ESTJ의 선호 자료

INFP 학습자는 의미 있고 참신한 소재로 된 상상력을 자극하는 내용을 선호했다. 선호 자료로는 상상력과 관련된 〈Twilight〉(뱀파이어), 〈Grimm〉(판타지), 〈Harry Pottor〉(판타지), 〈Super Natural〉(퇴마사), 동심을 자극하는 디즈니사의 애니메이션을 좋아하는 반면, 범죄 의학 드라마인 〈CSI〉류는 흥미롭지 않다고 대답했다.

ESTJ 학습자는 INFP가 선호했던 〈Grimm〉 등의 판타지류는 비선호로 답했다. 사실적인 추리물을 좋아하기 때문에 CSI 시리즈를 즐겨 본다고 답했다. INFP와 반대 취향을 갖고 있음을 뚜렷하게 알 수 있었다. 기타 〈Gossip Girl〉, 〈Glee〉, 〈Prison Break〉도 일부 학생이 선호 영상으로 선택했다.

INFP와 ESTJ 멀티미디어 자료의 선호도 차이

	INFP	ESTJ
선호	판타지 등 상상력을 자극하는 내용	사실적 추리물
비선호	사실적 추리물	판타지 등 비현실적인 내용
온라인과 오프라인 선호도	온라인 방식 선호	오프라인 방식 선호

INTP와 ESFJ의 선호 자료

INTP 학습자는 영화 〈Inception〉을 선택해 범죄 심리 등 난해하면서도 복잡하고 논리적인 추리를 요하는 내용을 선호하는 것으로 나타났다. 일부는 〈The Simpsons〉를 선택했는데 그 이유는 잘못된 점을 적나라하게 지적하는 부분으로 들었다. 로맨스나 가십류의 내용은 싫어한다고 답했다. INTP 학습자는 관심 분야의 다큐멘터리를 선호한다고 답했다.

ESFJ 학습자는 주로 관계와 관련된 분야를 선택했는데, 〈Grey's Anatomy〉(의학드라마)가 좋은 이유로 사랑과 우정, 다툼과 화해를 다루기 때문이라고 답했다. 영화로 〈The King's Speech〉(말더듬이 영국 왕을 치료하는 교사 이야기)를 선택하여 실화를 바탕으로 한 인간적인 내용을 선호하는 것으로 드러났다. 선호 장르로는 로맨스, 가십류를 선호한다고 답해 INTP와 상반된 결과를 보여주었다. 또한 INTP가 선호했던 다큐멘터리 영상자료를 즐기지 않는 것으로 나타났다.

INTP와 ESFJ 멀티미디어 자료의 선호도 차이

	INTP	ESFJ
선호	난해하고 복잡한 논리적 추리를 요하는 내용, 다큐멘터리	로맨스, 가십 등 인간관계의 내용
비선호	로맨스, 가십	다큐멘터리
온라인과 오프라인 선호도	온라인 방식 선호	오프라인 방식 선호

성격유형별 효과적인 영어 학습법

ISTJ·ISFJ 유형 – 기초를 다져라

- 중요하지 않은 것까지 신경쓰느라 독해 시간이 부족하니 관사나 전치사 같은 기능어보다 명사, 동사, 형용사, 부사와 같은 내용어에 집중해서 추려 읽기를 연습한다.
- 신중하고 철저하고, 완벽하게 학습하기를 원한다.
- 학습 속도가 느리고 응용력이 부족하다. 학습전략, 시험기술 등을 익히자.
- 기초 다지기가 끝나면 누구도 당할 자가 없다.

ENFP·ENTP 유형 – 외국인과 친구하기

- 사람들과 관계를 통해서 배우는 것을 좋아한다.
- 영어가 좋아서 외국에 나가거나 외국인 친구와 만나면서 공부한다.
- 선진 외국 문화가 그들에게 호기심과 영감을 줄 것이다.

영어공부, 성격대로 해라

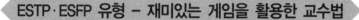

성격유형별 효과적인 영어 학습법

ESTP·ESFP 유형 – 재미있는 게임을 활용한 교수법

- 재미가 없으면 학습 흥미가 떨어져서 집중이 안 된다.
- 물질적인 보상이 있고 신나는 영어 게임이 효과적이다.
- 가만히 앉아서 듣는 수업은 지루해서 듣고 있기 힘들다.
- 영어 캠프, 영어 연극 등 활동을 겸비한 영어 수업이 효과적이다.

INFJ·INTJ 유형 – 진지하고 깊이 있는 영어 학습

- 주입식 교육보다는 의미 있고 맥락이 있는 수업이 효과적이다.
- 독립적이고 개인적인 학습
- 직관력에 의해 터득한 통찰의 영어 읽기와 쓰기를 활용한 교수법

성격유형별 효과적인 영어 학습법

ESTJ·ENTJ 유형 – 토론 수업

- 상대와 영어 말하기를 충분히 할 수 있는 수업을 선호한다.
- 논리적 체계가 잡혀 있는 수업 방식이 효과적이다.
- 구조화되어 있고, 조직화된 환경에서 학습 능률을 높인다.
- 학습의 목적과 목표가 분명하고 학습 스케줄이 계획된 자기주도 학습

INFP·ISFP 유형 – 자기훈련을 통한 영어 학습

- 자발적이고 호기심을 불러일으키는 수업이 효과적이다.
- 자기훈련을 통해 중·고등학교의 계획에 맞추는 방법을 스스로 찾아낸다.
- 과제를 해결하는 데 자신만의 방법을 만드는 것을 좋아한다.

영어공부, 성격대로 해라

성격유형별 효과적인 영어 학습법

INTP·ISTP 유형 – 읽기를 활용한 수업

- 조용히 분석할 수 있을 때 최상의 학습 효과가 있다.
- 논리적 사고를 충분히 할 수 있는 시간과 기회를 준다.
- 호기심을 자극하는 것이라면 에너지를 발휘해 자발적으로 학습한다.
- 계획되고 틀에 맞춰진 학습 지도는 맞지 않는다.

ESFJ·ENFJ 유형 – 행복한 영어 학습

- 교사나 학습자 간의 관계 속에서 최상의 학습 효과를 낸다.
- 학습 상황에서 갈등이 있다면 에너지가 고갈되어 학습이 어렵다.
- 학습 목표가 분명하고, 완성과 마무리에 의미를 둔다.
- 칭찬과 격려로 동기를 부여한다.

매화 기질과 영어 교육
(SJ – 감각·판단)

샘 월튼(MBTI 유형 : ESFJ)
1918–1992, 세계최대 유통기업 월마트 창
시자, 기업가

"행운은 계획하고, 준비하고, 열심히 때를
기다리는 사람에게 오는 특별한 손님이다."
"I am a friendly fellow by nature."
"Perfect practice makes perfect."

"수업이 진지해요~!"

- 최근 초등학생의 성격유형은 약 70%가 난초 또는 국화 유형
- 매화 유형 영어 교사 입장
  - 책임감 없고, 숙제 잊어버리고, 열심히 공부하지 않는 학생들을 보면 분노나 좌절, 이해를 못한다.
  - 보수적이고 전통을 중시하다 보니 교수법의 변화가 쉽지 않다.
  - 저학년 교사일 경우 난초나 국화 기질에 적합한 교수 기법을 배워서 적용한다.
  - 다른 기질의 학습자들을 이해하려고 노력해라.
  - 유머 감각을 키운다.

난초 기질과 영어 교육

(SP - 감각·인식)

존 F. 케네디(MBTI 유형 : ESFP)

1917–1963, 미국 35대 대통령

하버드 대학교 정치학 전공

처음 TV 토론을 시도할 때 언변과 자신감

으로 유권자들의 호감을 얻었다.

"국가가 당신에게 무엇을 해줄 것인가 묻지

말고 당신이 국가를 위해 무엇을 할 수 있는지 물어라."

"Ask not what your country can do for you, what you can do for your country."

– 1961년 1월 취임연설

"수업이 재미 있어요~!"

- 난초 유형 영어 교사 입장
  - 재미와 놀이의 중요성을 알기에 수업을 놀이처럼 할 수 있다.
  - 수업에 깊이가 줄어들고, 흥미와 재미 위주로 치우칠 수 있다.
  - 고등학생 등 고학년을 강의할 경우 수업의 질을 높이고 체계적이기 위해 노력해라.
  - 난초 기질 교사는 주입식으로 가르치는 것을 지루해하고 힘들어 한다.
  - 매화나 대나무 기질 학습자들에 적합한 교수법을 배워서 적용 한다.
  - 다른 기질의 학습자들을 이해하려고 노력해라.

국화 기질과 영어 교육
(NF – 직관·감정)

조앤 K. 롤링(MBTI 유형 : INFP)
1965 ~, 영국 작가《해리 포터》시리즈)
해고 당하고, 이혼하고, 가난하고, 홀로 아
이를 키우던 아줌마였다. 글 쓰는 것을 좋
아했으나 출판사에서 거절.

"지구상의 다른 생물들과 달리, 인간은 타
인의 입장에서 생각할 수 있다.
"Unlike any other creature on this planet, humans can think themselves into
other people's places."

"수업이 의미 있어요~!"

• 국화 유형 영어 교사 입장
  - 순수한 아이들을 가르치는 것이 만족스럽다.
  - 수업시간이 즐겁고 행복하다.
  - 대나무 유형의 학습자나 동료 교사를 만날 때 어려워한다.
  - 학생 한 명 한 명에게 진심으로 관심 갖고 맞춤식 개별 교육을
    한다.
  - 다른 기질의 학습자들에게 적합한 교수법을 배워서 적용한다.
  - 다른 기질의 학습자들을 이해하려고 노력해라.

대나무 기질과 영어 교육
(NT – 직관·사고)

안철수(MBTI 유형 : INTJ)
1962~, 의사, 작가, 기업가, 정치인
서울대 의대 학부, 석사, 박사
펜실베니아대 공학 석사
펜실베이나대 경영학 석사

다산 정약용(MBTI 유형 : INTJ)
1762–1836, 학자
《목민심서》를 비롯 약 500권의 책을 집필

"수업이 수준 있어요~!"

- 대나무 유형 영어 교사 입장
  - 고학년, 성인, 교사 교육이 행복하다.
  - 갑자기 난이도가 올라갈 수 있다.
  - 감정형 학습자에게 상처 줄 수 있다.
  - 영어 정책 제안이나 구조적인 틀에서의 개선점을 잘 발견한다.
  - 다른 기질의 학습자들에게 적합한 교수법을 배워서 적용한다.
  - 다른 기질의 학습자들을 이해하려고 노력해라.

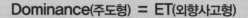

Dominance(주도형) = ET(외향사고형)

D(주도형) 학습자 = ENTP, ESTP, ESTJ, ENTJ

- 믿고 지지하고 인정하고 있다는 것을 말로 표현해라.
- 학습 속도가 빠르고, 배려보다는 프로젝트 중심으로 추진해라.
- 신중함 없이 행동이나 말이 먼저 나오는 경향이 강하다.
- 감정 조절이 어렵다.
- 지시하지 말고, 스스로 하도록 코칭한다.

D(주도형) = ET 유형의 행동 성향

개척적인, 무서움을 모르는, 과단성 있는, 의지가 강한, 단호한, 지도력 있는, 이끌어가는, 용기 있는, 참을성 없는, 경쟁심 있는, 밀어 붙이는, 영향력 있는

Influence(사교형) = EF(외향감정형)

I(사교형) 학습자 = ENFP, ESFP, ESFJ, ENFJ

- 일보다는 인간관계에 더 관심이 간다.
- 대인관계의 폭이 넓은 만큼, 모임에 관여하는 것을 좋아한다.
- 친구를 쉽게 사귀고, 그룹 스터디가 효과적이다.
- 교사나 부모는 따뜻한 칭찬과 격려를 아끼지 말아야 한다.

I(사고형) = EF 유형의 행동 성향

표현력 있는, 사교적인, 인기 있는, 어울려서 놀기 좋아하는, 평판이 좋은, 말주변이 좋은, 매력 있는, 친목 모임을 좋아하는, 사람을 부추기는, 설득력 있는, 감성적인, 열정적인

Steadiness(안정형·순응형) = IF(내향감정형)

S(안정형·순응형) 학습자 = INFP, ISFP, ISFJ, INFJ

- 이미 구조화된 환경에 순응하고 안주한다.
- 꾸준하게 주어진 일을 한다.
- 갈등을 싫어하고, 온유함을 가지고 있다.
- 교사나 부모는 다그치기보다 기다려주고 인정해 주는 것이 필요하다.

S(안정형) = IF 유형의 행동 성향

절제하고 자제력 있는, 만족스러운, 참을성 있는, 주저하는, 온화한, 차분한, 친절한, 이해심 많은, 성실한, 충성스러운, 포용력 있는, 신중한

Conscientiousness(신중형·분석형) = IT(내향사고형)

C(신중형·분석형) 학습자 = INTP, ISTP, ISTJ, INTJ

- 원칙주의적이고, 신중하다.
- 매사가 분석적이고 논리적이다.
- 확신이 서면 책임감 있게 행동한다.
- 칭찬이나 비판을 할 때 논리적 근거를 들어 이유를 설명해 준다.

C(신중형) = IT 유형의 행동 성향

정확한, 논리적인, 분석적인, 체계적인, 회의적인, 공손한, 신중한, 수줍음을 타는, 비판적인, 정돈된, 일관성 있는, 이상주의적인

참고문헌

Ehrman, M., & Oxford, R. Adult language learning styles and strategies in an intensive training. *Modern Language Journal*, 74, pp.311–327. 1990.

Fillmore, W., & Swain, M. Children second language development; view from the field on theory and research, *TESOL Convention 18*, Houston. 1984.

Giacomo Rizzolatti & Corrado Sinigalia. *Mirrors in Brain* Krashen, Stephen. 1997. Foreign Language Education: The Easy Way. Culver City, CA: Language Education Associates, 2007.

Keith Johnson. *An Introduction to Foreign Language Learning and Teaching*, Pearson Longman. p.105, 2008.

Maslow, A. *Motivation and personality*(2nd ed.). New York: Harper & Row. 1970.

Oxford, R. *Language learning strategies around the World: Cross–cultural Perspectives*, Honolulu: University of Hawaii Press. 1996.

김유미, 뇌를 알면 아이가 보인다, 2009.

방성주, 성격별 영어공부법, 2009.

김정택·심혜숙, 16가지 성격유형의 특성, 2007.

이부영, C. G. Jung의 회상, 꿈 그리고 사상, 2012.

이사벨 브릭스 마이어스, 정명진 옮김, 성격의 재발견, 2008.

일레인 폭스, 즐거운 뇌 우울한 뇌, 2013.

임한규, 공부방 꾸미기 달인 프로젝트, 2013.

조성환, 내 성격은 내가 디자인한다, 2009.

최영임·조세경, 멀티미디어 영어영상자료의 성격유형별 선호도조사, KAMALL Vol 18.3, 2015.

황농문, 인생을 바꾸는 자기혁명, 몰입, 2012.

http://en.wikipedia.org/wiki/Camillo_Golgi

http://www.counpia.com/아이의 뇌 100% 활용하기

http://www.flickr.com/photos/43997732@N08/4274957294

http://article.joins.com/news/article/article.asp?total_id=16359580&cloc=olink|article|de
    fault

http://upload.wikimedia.org/wikipedia/commons/a/ac/Iceberg.jpg

http://waterlotus.egloos.com/v/2312700

http://blog.naver.com/PostView.nhn?blogId=bb0380&logNo=90162252994

http://www.mbti.co.kr

http://www.listal.com/viewimage/796523h

http://www.celebritytypes.com

http://www.wellstudy.co.kr

http://www.gijil.com

〈영어교육 상담사〉 자격증 프로그램

3급 : 뇌과학과 영어교육, MBTI 학습코칭

2급 : 영어도형기질상담, 에니어그램

1급 : 집단 내적여정, 영어독서치료, 진로코칭

문의: rigolove@hanmail.net / http://cafe.daum.net/openstudy1

힐링, 영문법과 독해 기초 다지기

저　자　최 영 임·황 욱 선
판　형　신국판형(152×225)
쪽　수　224쪽
정　가　13,000원

http://cafe.daum.net/openstudy1에서 무료 음성
파일, 추가 학습자료 및 PPT 강의자료 제공

'열공' 해도 좀처럼 오르지 않는 영어실력. 영문법 기초부터 체크하자.

주위에 영어공부를 열심히 하는데도 실력은 나아지질 않아 고민하는 이들을 많이 본다. 영어는 수학이나 국사와는 달리 모국어와 같은 언어이기에 공부하기에 앞서 언어를 제대로 이해할 필요가 있다. 게다가 학습 효과가 계단식으로 나타나는 잠 복기를 견뎌야만 성적이 오르는 것을 느낄 수 있다. 이 책은 읽고 쓰는 학문적인 영역인 영문법을 다룬다. 기초가 제대로 잡혀야 학습효과가 높아지기 마련이다. 영어를 처음 시작하는 학습자에게도 중요하지만 긴 학습기간 동안 별다른 효과를 보지 못했다면 기초 문법을 다시 한 번 다잡는 것도 좋은 방법이다.

이 책은 8품사, 관사와 명사, 대명사, 동사와 조동사, 형용사와 부사, 접속사와 관 계대명사, 전치사, 동명사, to부정사, 분사, 가정법으로 구성되었다. 각 장은 속담 이나 격언을 통해 마음의 위안과 새로운 다짐을 할 수 있도록 〈Today's Saying〉으 로 시작한다. 〈Grammar〉로 본격적인 문법공부에 들어가는데, 여기서 배운 문법 을 뒤에 나오는 〈Story Book〉에서 어떻게 사용되었는지 재미있고 쉬운 이야기를 통해 적용하게 된다. 이렇게 학습한 문법과 어휘를 다양하고 재미있는 게임을 하 면서 반복 학습하여 자연스럽게 익히도록 구성하였다. 그렇게 학습한 문법과 어 휘는 〈TOEIC exercise〉에서 얼마나 이해하고 있는지 확인해보고 TOEIC의 문제유 형도 파악해 볼 수 있다. 마지막으로 자신에게 맞는 학습방법을 몰라 헤맸던 학습 자에게 성향에 맞는 효과적인 학습방법을 제시해주는 〈Tips for Learning〉에서는 유용한 정보도 제공받을 수 있다.

영어교사를 위한 스토리텔링 테크닉

저 자　오영주
판 형　사륙배판형(188×257)
쪽 수　216쪽
정 가　17,000원

"영어 스토리텔링의 모든것!"

재미있는 영어 수업을 고민하는 영어교사와 내 아이의 영어 실력을 높이려는 엄마들을 위해 즉각 활용할 수 있는 스토리텔링 기법을 소개한 책이 나왔다. 국제사이버대학교 영어지도학과 교수이자 현장에서 아이들에게 영어를 가르치고 있는 저자가 제대로 된 스토리텔링을 위해 심도 있는 이론과 다양하고 꼭 필요한 적용법을 이 책 한 권에 담았다.

스토리텔링을 정확하게 이해하기 위해 이론과 함께 좋은 동화책 선정 요령, 장르별·연령별 지도법은 물론, 구연 요령, 동화 속 역할 파악, 무대 매너 등을 꼼꼼히 실었다. 특히 완벽하고 알찬 수업을 만들 레슨 플랜을 다양하게 소개하였는데, 아이들의 집중력을 높이고 재미있는 영어 수업을 고민하는 교사들이 유용하게 사용할 만하다. 현장에서 아이들을 가르치면서 가장 인기 있었던 영어 동화책을 선정하여 다양한 교구를 만들어 수업에 활용할 수 있도록 실었는데, 아이들의 눈높이에 맞고 교사에게는 활용도 높은 구성이다. 교구는 저렴하고 간단하게 만들되 아이들의 집중력과 창의력을 높일 수 있게 만든 아이디어가 돋보인다. 컬러라서 복사하거나 그대로 오려서 사용할 수 있게 구성하여 자료가 절실한 교사나 엄마에게 안성맞춤 교재로 손색없다. 부록으로 영어 동화책을 주제별로 나누어 자세한 소개와 함께 표지와 본문을 볼 수 있도록 구성하여 어떤 동화책을 선택해야 할지 망설이던 이에게 유용할 것이다. 또한 유용한 영어 학습 사이트와 교실에서 사용하는 영어 표현까지 활용해보면 부러워할만한 수업을 만들 수 있을 것이다.